《城市轨道交通自动售检票系统工程质量验收标准》

GB/T 50381-2018

实 施 指 南

上海地铁咨询监理科技有限公司　主编

中 国 计 划 出 版 社

图书在版编目（CIP）数据

《城市轨道交通自动售检票系统工程质量验收标准》GB/T 50381-2018实施指南 / 上海地铁咨询监理科技有限公司主编. -- 北京 : 中国计划出版社, 2020.6
ISBN 978-7-5182-1180-7

Ⅰ. ①城… Ⅱ. ①上… Ⅲ. ①城市铁路－旅客运输－售票－铁路自动化系统－工程验收－质量标准－中国－指南 Ⅳ. ①U293.2-62

中国版本图书馆CIP数据核字(2020)第069841号

《城市轨道交通自动售检票系统工程质量验收标准》
GB/T 50381 - 2018
实 施 指 南
上海地铁咨询监理科技有限公司 主编

中国计划出版社出版发行
网址：www.jhpress.com
地址：北京市西城区木樨地北里甲11号国宏大厦C座3层
邮政编码：100038 电话：(010) 63906433（发行部）
三河富华印刷包装有限公司印刷

850mm×1168mm 1/32 12印张 303千字
2020年6月第1版 2020年6月第1次印刷
印数 1—2000册

ISBN 978-7-5182-1180-7
定价：40.00元

前　言

《城市轨道交通自动售检票系统工程质量验收标准》已由中华人民共和国住房和城乡建设部批准发布（住房和城乡建设部公告2018第76号），编号为GB/T 50381–2018，自2018年12月1日起实施。原国家标准《城市轨道交通自动售检票系统工程质量验收规范》GB 50381–2010同时废止，因此《城市轨道交通自动售检票系统工程质量验收规范》GB 50381–2010实施指南也随之废止。为进一步做好《城市轨道交通自动售检票系统工程质量验收标准》GB/T 50381–2018（以下简称《标准》）的宣传贯彻工作，进一步做好《标准》的解释工作，以国家标准管理组为主，组织各方共同对《城市轨道交通自动售检票系统工程质量验收规范GB 50381–2010实施指南》进行修改、补充、编制。

本实施指南在编制过程中结合多个工程的实施情况和多家业主使用方、供应商的经验，进行了总结整理。本实施指南只对《标准》的实施与执行提供指导和参考，不能视为对《标准》的替代。

本实施指南共分两部分：第一篇为“标准释义”，第二篇为“设备与系统专用要求”。第一篇共十三章，结合实际工程对《标准》的各条款逐一进行了详细阐述；第二篇共九章，结合生产制造和工程实施的经验分别对自动售检票系统的各类终端设备和计算机系统的施工和验收进行了详细的阐述。

希望读者在阅读本实施指南时，如发现需要修改和补充之处，请将意见及有关资料反馈给上海地铁咨询监理科技有限公司（地址：上海市宛平南路75号，邮编：200032），供今后《标准》修订时参考，我们将不胜感谢。

本实施指南主编单位、参编单位、主要起草人和主要审查人：

主 编 单 位： 上海地铁咨询监理科技有限公司

参 编 单 位： 深圳市地铁集团有限公司
上海申通地铁集团有限公司
昆明轨道交通集团有限公司
青岛地铁集团有限公司
宁波市轨道交通集团有限公司建设分公司
西安市轨道交通集团有限公司
石家庄市轨道交通有限责任公司
北京全路通信信号研究设计院集团有限公司
上海仪电物联技术股份有限公司
中国软件与技术服务股份有限公司
上海怡力信息科技股份有限公司
上海华铭智能终端设备股份有限公司
苏州雷格特智能设备股份有限公司
南京康尼电子科技有限公司
南方银通（武汉）信息技术服务有限公司
罕保（上海）信息技术服务有限公司

主要起草人： 居 理 曾 浪 陈凤敏 杨玉娟 翟 磊
马怀清 李美贵 李爱琦 贾 健 赵晓蓉
杨 波 李煜平 任 玲 蒋坚迪 向 滨
杨 珂 陈建萍 陈秀联 袁 鑫 魏 军
方 晖 庞春燕 陈修哲 王相辉 高 尚
李 郁 陈文生 王 浩 徐元函 曾 毅
顾文杰 季新华 陈 位 陆驰宇 叶安孝
蒲 磊 汪 洋 陈泽斌

主要审查人： 毛宇丰 羊 兵 李宇轩 廖东玲 吴 婷

目　录

说　明

1.《城市轨道交通自动售检票系统工程质量验收标准》GB/T 50381–2018 在文中简称《标准》。

2.《〈城市轨道交通自动售检票系统工程质量验收标准〉GB/T 50381–2018 实施指南》在文中简称《实施指南》。

3. 对《标准》条例的解释格式如下：《标准》引用、实施建议、举例。

4. 关于第一篇：

（1）文中“举例”仅为示例，供各单位参考，各单位应根据各地工程情况依据设计和合同要求进行具体项目的实施。

（2）附录中所列的表格为示例表格，仅供各单位参考。各单位可根据各地实际情况使用相应表格。

5. 关于第二篇：

（1）设备部分：从施工前准备、设备接线安装、设备检测、施工检测、交收清单五个方面进行操作说明。

（2）车票部分：从车票的数量外观、特性检查和运输储存检查三个方面进行操作说明。

（3）附录部分：维修度测试、检票通道顶棚导向、票亭及客服中心是对《标准》内容的补充，仅供各单位参考。

第一篇　标 准 释 义

第一章　术语和缩略语

第一节　术　　语

1.1.1　自动售检票系统

基于计算机、通信、网络、自动控制等技术，实现城市轨道交通售票、检票、计费、收费、统计、清算等管理全过程自动化的系统，简称 AFC 系统。

1.1.2　票务清分系统

用于发行和管理城市轨道交通车票，对线网内不同线路的票、款进行结算和清算，并具有与城市轨道交通线网内乘用消费的其他付费卡进行清算功能的系统。

1.1.3　中央计算机系统

用于监控和管理城市轨道交通单线路或多线路自动售检票系统的计算机系统。

1.1.4　车站计算机系统

用于车站级票务处理、运行管理和客流统计的计算机系统。

1.1.5　车站终端设备

安装在城市轨道交通线路各车站，进行车票发售、进站检票、出站检票、充值、验票分析等交易处理的设备。

1.1.6 自动售票机

用于自助发售、赋值有效车票，具备自动处理支付和找零功能的设备。

1.1.7 半自动售票机

用于人工辅助发售、赋值有效车票，具备补票、退票、查询、更新等票务处理功能的设备。

1.1.8 自动充值机

用于对储值票进行自助充值，并具有查验交易和余额等信息功能的设备。

1.1.9 自动检票机

对车票进行检验和处理，并放行或阻挡乘客出入付费区的设备。

1.1.10 单程票

在限定时间内一次性使用的车票。

1.1.11 储值票

具有储值功能，可重复充值使用的车票。

1.1.12 进站

从非付费区到付费区通过的行为。

1.1.13 出站

从付费区到非付费区通过的行为。

1.1.14　付费区

在车站内进站检票机与出站检票机及护栏之间的封闭区域，包括运营的列车车厢内区域。

1.1.15　非付费区

付费区以外的区域。

第二节　缩　略　语

ACC（AFC Clearing Center System）　票务清分系统

LC（Line Central Computer System）　线路中央计算机系统

LCWS（Line Computer Workstation）　线路计算机工作站

MLC（Multi-line Central Computer System）　多线路中心计算机系统

SC（Station Computer System）　车站计算机系统

SCWS（Station Computer Workstation）　车站计算机工作站

TPU（Ticket Processing Unit）　票卡处理单元

第二章　基本规定

2.0.1 《标准》引用

> **3　基本规定**
>
> **3.0.1**　城市轨道交通自动售检票系统（以下简称“AFC系统”）工程施工现场质量管理应建立施工技术标准、质量管理体系、施工质量检验制度和施工质量水平评定考核制度。
>
> **3.0.2**　AFC系统工程的分部工程、分项工程、检验批划分和检验项目应符合本标准附录A的规定。
>
> **3.0.3**　AFC系统工程施工现场应进行质量管理检查，并应按本标准附录B中表B.0.1的施工现场质量管理检查要求进行检查并记录。

实施建议：

1. 施工单位：施工单位应按《标准》附录B中表B.0.1要求，填写“施工现场质量管理检查记录”，如表1-2-1所示，提供相应的资料，“AFC系统”总承包单位进行审查，满足要求后提交监理工程师审查。

2. 质量监理：对施工单位提交的资料进行审查，满足要求后报总监理工程师，由总监理工程师及建设单位项目负责人（经理）进行检查，并做出检查结论（不符合要求的必须整改）。

举例：

表 1-2-1　施工现场质量管理检查记录

开工日期：　　年　　月　　日

<table>
<tr><td>单位工程名称</td><td colspan="2">____轨道交通
____AFC 系统工程</td><td colspan="2">施工许可证（开工证）</td><td></td></tr>
<tr><td>建设单位</td><td colspan="2">____公司</td><td colspan="2">项目负责人</td><td></td></tr>
<tr><td>设计单位</td><td colspan="2">____设计院</td><td colspan="2">项目负责人</td><td></td></tr>
<tr><td>监理单位</td><td colspan="2">____公司</td><td colspan="2">总监理工程师</td><td></td></tr>
<tr><td>施工单位</td><td>____公司</td><td>项目经理</td><td></td><td>项目技术负责人</td><td></td></tr>
</table>

序号	项　　目	内容
1	开工报告	√
2	现场质量管理制度	√
3	质量责任制	√
4	工程质量检验制度	√
5	分包方资质与对分包方单位管理制度	√
6	施工图核对记录	√
7	施工定测资料（施工复测记录）	√
8	施工组织设计、施工方案、施工技术交底及审批	√
9	施工技术标准	√
10	主要专业工种操作上岗证	√
11	施工机具及检测设备	√

续表 1-2-1

序号	项　　目	内容
12	材料、设备存放与管理	√
检查结论：符合要求 总监理工程师（签字）：　　　　年　　月　　日 建设单位项目负责人（签字）：　　　　年　　月　　日		

2.0.2 《标准》引用

3.0.4 AFC 系统工程质量验收应包括工程实施的质量控制、系统检测和工程验收。

3.0.5 AFC 系统工程中所采用的材料、构配件和设备的外观、规格、型号应符合设计要求，应有合格的质量证明文件。

3.0.6 AFC 系统工程应为一个独立的单位工程，该单位工程应划分为分部工程、分项工程和检验批。

3.0.7 AFC 系统工程质量验收的程序和组织，以及检验批质量、分项工程质量、分部工程质量、AFC 系统单位工程质量验收应符合现行国家标准《建筑工程施工质量验收统一标准》GB 50300 的规定。

实施建议：

1. 施工单位：首先应对工程中使用的进场材料、构配件和设备等进行自检，自检合格后，填写“工程材料、构配件、设备报审表”，进场的工程材料、构配件、设备应按要求存放。

2. 监理单位：在 AFC 系统工程施工过程中应按国家标准《建筑工程施工质量验收统一标准》GB 50300–2013 中的有关规定进行施工质量控制，同时也应按国家标准《建设工程监理规范》GB/T 50319–2013 的要求针对《标准》第 3.0.5 条进行监理。监理工程师应要求施工单位进行书面报审，填写“工程材料、构配件、设备报审表”。

举例：

______工程 AFC 系统

1. 监理工程师对施工单位上报的分包单位和材料、设备供货商的资质进行审查，对主要材料及设备的供货商是否为合格供货商进行确认。合同中如有规定，或有必要时由总承包单位组织建设单位和监理单位对主要材料、设备供货商进行实地考察，或对设备生产进行监理，列出合格物资供方名录，合格物资供方名录如表 1–2–2 所示，工程材料、构配件、设备报审如表 1–2–3 所示。

表 1–2–2 合格物资供方名录

供方名称	供应材料名称	通信地址	联系电话	备注
×××	金属线槽			
×××	电缆			
×××	票亭及客服中心			
…				

施工单位的供货商报审表中应附以下有效资料：

（1）供应商的营业执照。

（2）税务登记。

（3）企业代码。

（4）ISO 质量认证。

（5）产品 3C 认证（如有）。

（6）有关产品业绩等。

表 1–2–3　工程材料、构配件、设备报审表

工程名称：______　　　　　　工程 AFC 系统编号：

致：______公司（监理单位）：

我方于____年____月____日进场的工程材料、构配件、设备数量如下（见附件 1）。现将质量证明文件及自检报告（附件 2 及附件 3）报上，拟用于下述部位：

______，请予以审核。

本次报验为第____次报验。

附件：1. 工程数量清单

2. 质量证明文件

3. 自检报告

附件共____页。

施工单位：____（章）

项目经理：______

日期：　　年　　月　　日

审查意见：

经检查上述工程材料、构配件、设备，符合 / 不符合设计文件和《标准》的要求，准许 / 不准许进场，同意 / 不同意使用于拟定部位。

监理单位：______

总 / 专业监理工程师：______

日期：　　年　　月　　日

---

2. 监理工程师对施工单位上报的“工程材料、构配件、设备报审表”进行审查。

并附以下资料：

（1）有效合格证。

（2）质量保证书。

（3）3C 认证书（如有）。

（4）检验报告。

（5）材料的数量、名称、规格型号等。

（6）施工单位质量人员自检报告。

经监理工程师检查，符合设计、《标准》规定，确认后才能使用。

2.0.3 《标准》引用

3.0.8 AFC 系统工程质量验收应包括单位工程质量控制资料核查、单位工程实体质量和主要功能核查、单位工程观感质量检查，并应填写下列验收记录：

1 检验批质量验收应按本标准附录 B 中表 B.0.2 的检验批质量验收要求进行验收并记录；

2 分项工程质量验收应按本标准附录 B 中表 B.0.3 的分项工程质量验收要求进行验收并记录；

3 分部工程质量验收应按本标准附录 B 中表 B.0.4 的分部工程质量验收要求进行验收并记录；

4 单位工程质量验收应对分部工程质量控制资料、安全和主要使用功能、观感质量验收进行抽查，并应按本标准附录 C 中表 C.0.1 的单位工程质量验收要求进行验收并记录；

5 单位工程质量控制资料核查验收应按本标准附录 C 中表 C.0.2 的要求进行验收并记录；

6 单位工程安全和功能检验资料核查及主要功能抽查验收，应按本标准附录 C 中表 C.0.3 的要求进行验收并记录。

实施建议：

1. 施工单位： AFC 系统工程质量的检验批、分项工程、分部工程、单位工程应满足下列要求，并填写验收记录。

（1）检验批验收：应符合国家标准《建筑工程施工质量验收统一标准》GB 50300-2013 第 5.0.1 条的要求。

（2）分项工程验收：应符合国家标准《建筑工程施工质量验

收统一标准》GB 50300–2013 第 5.0.2 条的要求。

（3）分部工程验收：应符合国家标准《建筑工程施工质量验收统一标准》GB 50300–2013 第 5.0.3 条的要求。

（4）单位工程验收：应符合国家标准《建筑工程施工质量验收统一标准》GB 50300–2013 第 5.0.4 条的要求。

2. 监理单位和建设单位：监理单位按国家标准《建设工程监理规范》GB/T 50319–2013 和监理单位针对本工程编制的《AFC 监理细则》完成相应的监理资料：

（1）监理日记。

（2）监理会议纪要、有关的本专业会议纪要。

（3）检测记录（包括巡检、抽查记录）。

（4）监理月报。

（5）施工单位的报审报验等有关资料的确认报告，督促施工单位按《标准》完成检验批验收、分项工程验收、分部工程验收，填写单位工程验收记录（按《实施指南》附录 B、附录 C、附录 D、附录 E 的要求填写）。

（6）在施工过程中分别做好测试检查记录日记，当 AFC 系统工程质量不符合要求时，施工单位和监理单位应有施工大事节点记录。

（7）AFC 系统工程质量验收程序和组织应符合国家标准《建筑工程施工质量验收统一标准》GB 50300–2013 第 6 章的要求：

1）检验批和分项工程验收，由监理工程师或建设单位项目技术负责人组织验收，分部（子分部）工程验收由工程监理实行总监理工程师负责制，应由总监理工程师（建设单位项目负责人）组织施工单位、建设单位项目技术负责人和项目质量负责人及有关人员进行验收；

2）单位工程完成后，施工单位首先要依据质量标准、设计图纸等组织有关人员进行自检，并对检查结果进行评定，符合要求后向建设单位提交工程验收报告和完整的质量资料，由建设单位组织验收；

3）单位工程质量验收，由建设单位负责人或项目负责人（经理）组织，参加验收人员：设计、施工单位负责人或项目负责人（经理）及施工单位的技术、质量负责人，监理单位的总监理工程师以及运营单位人员（包括运营和维护人员）；

4）总承包单位和分包单位的质量责任和验收程序。

质量责任：总承包单位应按承包合同的权利义务对建设单位负责；分包单位对总承包单位负责，亦应对建设单位负责。

验收程序：分包单位对承建项目进行检验时，监理、总承包单位应参加，验收合格后，分包单位应将工程的有关资料移交总承包单位，待建设单位组织单位工程质量验收时，分包单位负责人应参加验收。

2.0.4 《标准》引用

3.0.9 在 AFC 系统工程质量验收中，对不符合本标准规定的 AFC 系统工程，及通过返修或加固处理仍不能满足安全使用要求的分部工程、单位工程，不得验收。

实施建议：

1. 施工单位：应按国家标准《建筑工程施工质量验收统一标准》GB 50300-2013 第 5.0.6 条的要求处理。

2. 监理单位：按 AFC 系统工程质量验收要求进行检查，发现问题，及时对施工单位提出整改，并做好监理记录，对不符合标准的 AFC 系统工程，通过返修或加固处理仍不能满足安全使用要求的分部工程、单位工程，不得验收。

第三章　线缆管槽安装验收

第一节　一 般 规 定

3.1.1 《标准》引用

> **4.1　一 般 规 定**
>
> **4.1.1**　线缆管槽的规格、型号、数量及预埋、安装、敷设的位置与路径，应满足设计要求。
>
> **4.1.2**　预埋在地面下的线缆管槽、接线盒、分向盒和终端盒宜密封防水，在安装后宜进行密封性测试，其整体防护等级不宜低于 IPX7。

实施建议：

1. 施工单位：应对施工环境进行检查、测量，发现对施工有影响的问题及时向建设单位提出，上述条件具备后可以进行管槽预埋工作。在施工过程中需及时关注施工环境的变化，若有影响施工的问题也需及时向建设单位提出，并及时停止管槽预埋工作。

2. 监理单位：应按设计施工图要求进行检查，发现问题，及时对施工单位提出整改，并做好监理记录。

3. 建设单位：组织施工、设计、监理等单位进行设计交底会议；应重视施工和监理提出的问题，做好设计交底会议记录。按《标准》要求给予施工单位便于施工的条件。

举例：

______工程 AFC 系统：施工单位先了解并熟悉设计图纸和系统组成情况。检查前期土建，地下预埋管线槽盒、出线孔的位置。对于施工现场的实际情况积极与设计单位沟通协调。配合设计单位，做好深化图纸设计，并进行施工设计图交底，便于施工操作。

第二节　线缆管槽敷设

3.2.1 《标准》引用

> **4.2　线缆管槽安装**
>
> Ⅰ　主 控 项 目
>
> **4.2.1**　线缆管槽预埋的质量应符合下列规定：
>
> **1**　金属导管不应采用对口熔焊连接，镀锌和壁厚小于或等于 2mm 的钢导管不得套管熔焊连接；
>
> **2**　镀锌的线缆管槽、可挠性导管不应熔焊跨接接地线，当专用接地卡跨接的两卡间连线为铜芯软导线时，铜芯软导线截面面积不应小于 $4mm^2$。
>
> 检验数量：全部检查。
>
> 检验方法：观察、测量检查。
>
> **4.2.2**　金属线缆管槽、分向盒、接线盒应有可靠电气连接并接地。金属线缆管槽、分向盒、接线盒的接地电阻值应满足设计要求。
>
> 检验数量：抽验 10%。
>
> 检验方法：观察、测量检查。
>
> **4.2.3**　当线缆管槽经过建筑物伸缩缝、沉降缝时，应采用伸缩节。
>
> 检验数量：全部检查。
>
> 检验方法：观察、测量检查。
>
> **4.2.4**　预埋在地面下的线缆管槽、接线盒、分向盒及其防护盖板机械强度应能承受 $4kN/m^2$ 及以上的压力。

检验数量：抽验10%。

检验方法：观察、测量、检查随工检验记录。

4.2.5 线缆管槽、接线盒和分向盒以及全部线缆导管内应无积水、无杂物。

检验数量：全部检查。

检验方法：观察检查。

实施建议：

1. 施工单位：

（1）应在施工过程中做好巡检，发现问题，及时进行整改。

（2）在管槽盒预埋前检查施工条件，即施工场地整洁，预埋地坪符合施工要求。

（3）施工时按《标准》要求在施工过程每道工序中做好自检，质量员专检，同时做好检查记录。

（4）管槽盒预埋完成后注意产品保护。

（5）金属线槽、金属导管、接线盒、分向盒必须电气连接，并可靠接地，因涉及设备安全须全部认真检查，并观察、用万用表测量。

2. 监理单位：在施工过程中应对照设计标准和要求做好巡检，并配合施工单位做好见证测试，逐项做好检测记录，双方签字确认。注意金属线槽端头、线管接头，按设计要求封堵的必须封堵，要求做防水防尘处理的都要细查。发现问题及时向施工单位提出，进行整改。检测记录作为隐蔽工程验收报告的依据。

3. 建设单位：在隐蔽工程验收时注意检查施工单位和监理单位提供的检测记录等资料。

举例：

______工程AFC系统______车站，因站厅地面土建结构层厚度不均，影响装修层高。需将AFC已预埋安装好的金属线槽盒拆除，原地凿地坪深50mm ~ 80mm，凿至主钢筋裸露，造成施工环境建筑垃圾多甚至有大量积水。直接后果：部分AFC金属线槽盒需重新加工、再预埋及安装金属跨接地线等。监理重点：线槽盒的端头应设堵头进行封口，并应采取防水、防尘措施，进行跨接地线的连接等。所以，监理工程师必须对返工的工程进行重新检查和确认，并做好监理记录。

3.2.2 《标准》引用

Ⅱ 一 般 项 目

4.2.6 线缆管槽、接线盒和分向盒安装质量应符合下列规定：

1 线缆管槽、接线盒和分向盒应平整、内部光洁、无毛刺、无锈蚀、加工尺寸准确；

2 线缆管槽、接线盒和分向盒的连接应紧密牢固，连接后应无扭曲变形。

检验数量：抽验10%。

检验方法：观察、测量、检查随工检验记录。

4.2.7 预制金属弯管弯成的角度不应小于90°，弯曲半径不应小于管外径的10倍，弯管处不应有裂缝和变形。

检验数量：抽验10%。

检验方法：观察、测量、检查随工检验记录。

4.2.8 金属线缆管槽的填埋深度与建筑物或构建物表面的距离不应小于15mm。金属管槽应排列整齐，固定点间距应均匀，安装应牢固。在距离金属线缆管槽的接头、终端、弯头中点或柜、屏、台、箱或盘等边缘150mm ~ 500mm范围内应设有管卡，中间直线段管卡间最大距离应符合表4.2.8的规定。

表 4.2.8　直线段管卡间最大距离

敷设方式	导管种类	圆导管直径 ϕ（mm）					方导管宽度 W（mm）	
		$15 \leqslant \phi < 25$	$25 \leqslant \phi < 32$	$32 \leqslant \phi < 50$	$50 \leqslant \phi \leqslant 65$	$\phi > 65$	$50 \leqslant W \leqslant 150$	$W > 150$
		管卡间最大距离（m）						
暗配	壁厚 $t > 2$mm 刚性钢导管	1.5	2.0	2.5	2.5	3.5	3.0	2.0
	壁厚 $t \leqslant 2$mm 刚性钢导管	1.0	1.5	2.0	—	—	—	—
	刚性绝缘导管	1.0	1.5	1.5	2.0	2.0	—	—

检验数量：抽验 10%。

检验方法：观察、测量、检查随工检验记录。

4.2.9　当线缆管槽拐弯角度小于 135° 时，应设置分向盒，线缆管槽管路设置分向盒的距离应符合下列规定：

1　当两个分向盒之间无弯时，应小于 30m；

2　当两个分向盒之间有 1 个弯时，应小于 20m；

3　当两个分向盒之间有 2 个弯时，应小于 15m；

4　当两个分向盒之间有 3 个弯时，应小于 8m。

检验数量：抽验 10%。

检验方法：观察、测量、检查随工检验记录。

4.2.10　可挠性导管与线缆管槽或电气设备、器具间的连接应采用专用接头，可挠性导管的连接处应密封良好，防水覆盖层应完整无损。可挠性导管与线缆管槽或电气设备、器具间连接时安装的最大允许长度不应大于 2m，可挠性导管不得当作接地的接续导体。

检验数量：抽验 10%。

检验方法：观察、测量、检查随工检验记录。

> **4.2.11** 当可挠性导管经过建筑物的伸缩缝或沉降缝时，应采用钢制护套保护。
>
> 检验数量：全部检验。
>
> 检验方法：观察、检查随工检验记录。

实施建议：

1. 施工单位：施工单位应按《标准》附录 B 中表 B.0.2 的要求，填写“检验批质量验收记录”，如表 1-3-1 所示。

2. 监理单位：按设计施工图要求对“4.2 线缆管槽敷设 Ⅱ 一般项目”进行检查，发现问题，及时对施工单位提出整改意见和要求，并做好监理记录。

3. 建设单位：在隐蔽工程验收时检查施工单位和监理单位的有关检测资料。

举例：

表 1-3-1 ______站______检验批质量验收记录

单位工程名称	___地铁__号线 AFC 系统工程			
分部工程名称	预埋管槽盒与安装			
分项工程名称	管槽盒预埋		验收部位	____站厅层
施工单位	____公司		项目经理	
施工质量验收标准名称及编号	《城市轨道交通自动售检票系统工程质量验收标准》GB/T 50381-2018			
施工质量验收标准的规定			施工单位检查评定记录	监理（建设）单位验收记录
主控项目	1	4.2.1	合格	符合要求
	2	4.2.2	合格	
	3	4.2.3	合格	

续表 1-3-1

<table>
<tr><th colspan="3">施工质量验收
标准的规定</th><th>施工单位检查
评定记录</th><th>监理（建设）单位
验收记录</th></tr>
<tr><td rowspan="3">主控
项目</td><td>4</td><td>4.2.4</td><td>合格</td><td rowspan="3">符合要求</td></tr>
<tr><td>5</td><td>4.2.5</td><td>合格</td></tr>
<tr><td>…</td><td></td><td></td></tr>
<tr><td rowspan="6">一般
项目</td><td>1</td><td>4.2.6</td><td></td><td rowspan="6">符合要求</td></tr>
<tr><td>2</td><td>4.2.7</td><td></td></tr>
<tr><td>3</td><td>4.2.8</td><td></td></tr>
<tr><td>4</td><td>4.2.9</td><td></td></tr>
<tr><td>5</td><td>4.2.10</td><td></td></tr>
<tr><td>6</td><td>4.2.11</td><td></td></tr>
<tr><td colspan="2">施工单位
检查评定
结果</td><td colspan="3">项目专业质量检查员：__________
施工单位技术负责人：__________
日期：　　年　　月　　日</td></tr>
<tr><td colspan="2">监理单位
验收结论</td><td colspan="3">监理工程师：__________
监理单位技术负责人：__________
日期：　　年　　月　　日</td></tr>
<tr><td colspan="2">建设单位
验收结论</td><td colspan="3">项目专业技术负责人：__________
建设单位技术负责人：__________
日期：　　年　　月　　日</td></tr>
</table>

第三节　线缆管槽接头和端口

3.3.1 《标准》引用

> **4.3　线缆管槽接头和端口**
>
> Ⅰ　主 控 项 目
>
> **4.3.1** 线缆管槽含接线盒和分向盒的接头应紧密、牢固，不得因后续施工而产生松动。
>
> 检验数量：抽验10%。
>
> 检验方法：观察、测量、检查随工检验记录。
>
> **4.3.2** 线缆管槽端口应进行封堵。
>
> 检验数量：全部检查。
>
> 检验方法：随工检验、检查随工检验记录。
>
> Ⅱ　一 般 项 目
>
> **4.3.3** 线缆管槽、接线盒和分向盒接口内应光滑、无毛刺，金属管槽不应有生锈现象，管槽切割加工后应清理毛刺，镀锌金属管槽切割后的端口面应进行防腐处理。
>
> 检验数量：抽验10%。
>
> 检验方法：随工检验、检查随工检验记录。
>
> **4.3.4** 当线缆管槽、接线盒和分向盒端口引出地面时，应符合下列规定：
>
> **1** 进入落地式柜、屏、台、箱或盘的管槽端口，应与其底部连接牢固紧贴；
>
> **2** 线缆管槽出线口高出车站装修完成面不应小于10mm；
>
> **3** 线缆管槽端口内应光滑、无毛刺、无破口。
>
> 检验数量：全部检查。
>
> 检验方法：测量、随工检验、检查随工检验记录。

实施建议：槽－槽连接、槽－盒连接防水防尘，达到IPX7。

1. 施工单位：施工单位应按《标准》附录B中表B.0.2的要求，填写“检验批质量验收记录”，如表1–3–2所示。

2. 监理单位：应按设计施工图和“4.3 线缆管槽接头和端口 Ⅰ 主控项目”的要求进行检查，要注意所有预埋管的头部应进行封堵，防止杂物进入。预埋线槽盒的端头应设堵头进行封口，并应采取防水、防尘措施。按设计施工图要求进行检查，发现问题，及时对施工单位提出整改，并做好监理记录，以备隐蔽工程验收时有案可查。

举例：

表1–3–2 ______工程AFC系统______车站
检验批质量验收记录

<table>
<tr><td colspan="3">单位工程名称</td><td colspan="3">____地铁__号线 AFC 系统工程</td></tr>
<tr><td colspan="3">分部工程名称</td><td colspan="3">线缆管槽接头和端口</td></tr>
<tr><td colspan="3">分项工程名称</td><td>线缆管槽接头和端口</td><td>验收部位</td><td>____站厅层</td></tr>
<tr><td colspan="3">施工单位</td><td>____公司</td><td>项目经理</td><td></td></tr>
<tr><td colspan="3">施工质量验收标准名称及编号</td><td colspan="3">《城市轨道交通自动售检票系统工程质量验收标准》GB/T 50381–2018</td></tr>
<tr><td colspan="3">施工质量验收标准的规定</td><td colspan="2">施工单位检查评定记录</td><td>监理（建设）单位验收记录</td></tr>
<tr><td rowspan="3">主控项目</td><td>1</td><td>4.3.1</td><td colspan="2">合格</td><td rowspan="3">符合要求</td></tr>
<tr><td>2</td><td>4.3.2</td><td colspan="2">合格</td></tr>
<tr><td>…</td><td></td><td colspan="2"></td></tr>
</table>

续表 1-3-2

施工质量验收标准的规定			施工单位检查评定记录	监理（建设）单位验收记录
一般项目	1	4.3.3	合格	符合要求
	2	4.3.4	合格	
	…			
施工单位检查评定结果	项目专业质量检查员：______ 施工单位技术负责人：______ 日期： 年 月 日			
监理单位验收结论	监理工程师：______ 监理单位技术负责人：______ 日期： 年 月 日			

第四节 电缆桥架的安装

3.4.1 《标准》引用

4.4 电缆桥架的安装

Ⅰ 主 控 项 目

4.4.1 电缆桥架安装质量检验应符合下列规定：

1 电缆桥架的规格、型号、质量、数量应满足设计要求；

2 金属电缆桥架和引入或引出的金属导管应连续可靠接地；

3 金属电缆桥架与接地干线连接不应少于两处；

4 金属电缆桥架间连接板的接地应连接可靠，不应少于两处与接地（PE）干线连接，金属电缆桥架间连接板的两端跨接铜芯接地线，其最小允许截面不应小于 $4mm^2$；

5 敷设在竖井内和穿越不同防火区的电缆桥架，应设置防火隔堵，且应符合现行国家标准《建筑电气工程施工质量验收规范》GB 50303 的规定。

检验数量：全部检查。

检验方法：观察检查。

4.4.2 当电缆桥架经过伸缩缝、沉降缝或直线段电缆桥架长度超过 30m 时，应设伸缩节。

检验数量：全部检查。

检验方法：观察检查。

实施建议：

1. 施工单位：对“4.4　电缆桥架的安装　Ⅰ　主控项目”应全部做观察检查。

2. 监理单位：要求施工单位对“4.4　电缆桥架的安装　Ⅰ　主控项目”逐项做好观察记录，监理见证，双方签字确认。

3. 建设单位：在巡查时进行抽查，发现问题及时指出或在工程例会上提出限期整改。

3.4.2 《标准》引用

Ⅱ　一 般 项 目

4.4.3 电缆桥架的安装质量除应符合本标准第 4.3.1 条的规定外，还应符合下列规定：

1 电缆桥架水平安装及垂直安装的支架间距不应大于 2m，电缆桥架安装应排列整齐、弯曲度一致，电缆桥架水平度偏差不应超过 2mm/m；

2 电缆桥架与支架间螺栓、电缆桥架连接板间螺栓应紧固，螺母应位于桥架外侧；

3 电缆桥架应敷设在易燃易爆气体管道和热力管道的下方，当设计无要求时，电缆桥架、线槽与管道的最小间距宜符合表 4.4.3 的规定。

表 4.4.3　电缆桥架、线槽与管道的最小间距（m）

管道类别		平行间距	交叉间距
一般工艺管道		0.2	0.2
易燃易爆气体管道		0.5	0.5
热力管道	有保温层	0.5	0.3
	无保温层	0.5	0.5

检验数量：抽验 10%。

检验方法：观察、测量检查。

实施建议：

1. 施工单位：按《标准》“4.4　电缆桥架的安装　Ⅱ　一般项目”根据施工图进行观察检测、尺量检查，发现问题及时整改，并按《标准》附录 B 中表 B.0.2 的要求，填写“检验批质量验收记录”，如表 1–3–3 所示。

2. 监理单位：对“4.4　电缆桥架的安装　Ⅱ　一般项目”按设计施工图要求进行巡检和抽检检查，发现问题，及时对施工单位提出整改，并做好监理记录。

3. 建设单位：在巡查时进行抽查，发现问题及时指出或在工程例会上提出限期整改。

举例：

表 1–3–3　______工程 AFC 系统______车站检验批质量验收记录

单位工程名称	____地铁__号线 AFC 系统工程		
分部工程名称	电缆桥架的安装		
分项工程名称	电缆桥架的安装	验收部位	____站厅层
施工单位	____公司	项目经理	
施工质量验收标准名称及编号	《城市轨道交通自动售检票系统工程质量验收标准》GB/T 50381–2018		

续表 1-3-3

施工质量验收标准的规定			施工单位检查评定记录	监理（建设）单位验收记录
主控项目	1	4.4.1	合格	符合要求
	2	4.4.2	合格	
	…			
一般项目	1	4.4.3.1	合格	符合要求
	2	4.4.3.2	合格	
	3	4.4.3.3	合格	
施工单位检查评定结果	项目专业质量检查员：__________ 施工单位技术负责人：__________ 日期：　年　月　日			
监理单位验收结论	监理工程师：__________ 监理单位技术负责人：__________ 日期：　年　月　日			
建设单位验收结论	项目专业技术负责人：__________ 建设单位技术负责人：__________ 日期：　年　月　日			

第四章　线缆敷设及检测

第一节　一 般 规 定

4.1.1 《标准》引用

5.1　一 般 规 定
5.1.1　数据线缆、电源电缆和控制电缆的型号、规格、数量、质量及敷设路径、敷设方式、排布间距应满足设计要求。
5.1.2　线缆不得破损、受潮、扭曲、折皱。
5.1.3　光、电缆的接续、测试人员应经过培训考核持证上岗。

实施建议：

1. 施工单位：全部检查并安排持证人员上岗作业，做好检测记录。

2. 监理单位：应按设计施工图要求进行检查，发现问题，及时对施工单位提出整改，并做好监理记录。

第二节　线 缆 敷 设

4.2.1 《标准》引用

5.2　线 缆 敷 设
Ⅰ　主 控 项 目
5.2.1　数据线缆、控制电缆与电源电缆应分管分槽敷设。线缆出入口处应进行密封处理，并应符合现行国家标准《综合布线系统工程验收规范》GB/T 50312 的规定。

检验数量：全部检查。

检验方法：观察检查。

5.2.2 电源布线应符合下列规定：

1 交流电源线缆和直流电源线缆应分开布放，不应绑在同一线束内；

2 电源线缆应采用整段线料，整段线料中不得有接头，布线不应受外力的挤压和损伤；

3 不同电压等级的线缆应分类布置，并应分别单独设线槽或管敷设，在同一线槽内应采用隔板隔开；

4 电源线缆与数据线缆交叉敷设时宜成直角，当平行敷设时，电源线缆与数据线缆的间距应满足设计要求。

检验数量：全部检查。

检验方法：观察检查。

5.2.3 配线用柜、屏、台、箱或盘间线路的线间和线对地间绝缘电阻值，馈电线路应大于0.5MΩ，二次回路应大于1MΩ。

检验数量：全部检查。

检验方法：观察并用绝缘电阻测试仪进行测量检查。

实施建议：

1. 施工单位：全部检查，观察检查并用绝缘测试器测试，做好检测记录，如表1–4–1所示。

2. 监理单位：要求施工单位对“5.2 线缆敷设 I 主控项目”逐项做好检测记录，双方签字确认。注意线缆出入口处应做密封处理，配线用柜、屏、台、箱或盘间线路的线间和线对地间绝缘电阻值，馈电线路应大于0.5MΩ，二次回路应大于1MΩ。

举例：

1．线缆敷设检查：

表 1-4-1 ______工程 AFC 系统______车站线缆敷设检查记录表

时间：　年　月　日

名称	型号规格	数量及外观	绝缘测试	出入口密封处理
数据电缆				
电源电缆				
控制电缆				

施工单位质量员：______　监理单位：______

2．隐蔽工程验收：施工单位在隐蔽工程完成并自检合格后，向监理单位申请隐蔽工程验收，监理工程师检查并认定合格后填写“隐蔽工程验收报告”。隐蔽工程验收报告应包括以下内容：

（1）标题。

（2）隐蔽工程部位。

（3）验收检查记录。

（4）结论。

（5）参加人员签字、验收日期、监理单位盖章。

4.2.2 《标准》引用

Ⅱ　一 般 项 目

5.2.4　数据线缆、控制电缆和电源电缆在管槽内敷设的质量应符合下列规定：

1　管槽内线缆敷设应平直，无扭绞、打圈、表面护层划伤、断裂等现象，线缆在管槽内应无接头；

2　线槽敷设截面利用率和保护管敷设截面利用率应符合现行国家标准《城市轨道交通通信工程质量验收规范》GB 50382 的规定；

3　线缆应留有余量，并应符合现行国家标准《综合布线系统工程验收规范》GB/T 50312 的规定；

4　对于明敷线槽，敷设于水平线槽内的线缆，每隔 3m ~ 5m 宜绑扎固定，敷设于垂直线槽内的线缆，每隔 2m 宜绑扎固定；

5　线缆两端及经过分线盒应有标识和标签，并应标明线缆的起始和终端位置，标识和标签应齐全、清晰、准确、牢固，标签应选用防水、防刮和防撕的材料。

检验数量：全部检查。

检验方法：观察检查。

5.2.5　AFC 系统设备的室内配线高度应一致，当与其他管线交叉或穿越墙壁或楼板时，线缆布放完成后应采取防火封堵措施。

检验数量：抽验 10%。

检验方法：观察检查。

实施建议：

1. 施工单位：每道工序完成做好自检，检验数量按《标准》要求确定。观察检查。

2. 监理单位：对“5.2　线缆敷设　Ⅱ　一般项目”按设计施工图要求进行抽查、检查，发现问题及时对施工单位提出整改，并做好监理记录。

第三节　线 缆 引 入

4.3.1 《标准》引用

5.3　线 缆 引 入

Ⅰ　主 控 项 目

5.3.1　引入线缆的型号、规格和数量应满足设计要求。配线设备应符合现行国家标准《综合布线系统工程验收规范》

GB/T 50312 的规定。

检验数量：全部检查。

检验方法：对照设计文件进行检查，并使用绝缘电阻测试器进行测量检查。

实施建议：

1. 施工单位：对配线设备的型号、规格、数量对照设计文件检查，检查外观并用绝缘测试器测试。

2. 监理单位：应要求施工单位对“5.3　线缆引入　Ⅰ　主控项目”逐项做好检测记录，监理工程师应见证试验，双方签字确认。

4.3.2 《标准》引用

Ⅱ　一 般 项 目

5.3.2　线缆引入和接入配线端的质量应符合下列规定：

1　线缆引入时，引入口处应采取防护措施；

2　配线设备端子跳线排列应整齐顺直，配线箱底孔引进电缆后应封堵底孔。

检验数量：抽验 10%。

检验方法：观察检查。

5.3.3　线缆应有标识，应标明线缆的型号、长度、起点、终点和用途。

检验数量：全部检查。

检验方法：观察检查。

实施建议：

1. 施工单位：根据《标准》要求的数量进行检查，做好检查和检测记录。

2. 监理单位：监理工程师对“5.3　线缆引入　Ⅱ　一般项

目”按设计施工图要求进行检查，在抽查发现问题时，应及时对施工单位提出整改，并做好监理记录。

第四节 线缆接续

4.4.1 《标准》引用

5.4 线缆接续

Ⅰ 主控项目

5.4.1 光缆接续应符合下列规定：

1 芯线应按光纤色谱排列顺序对应接续，光纤接续部位应采用热缩加强管保护，加强管收缩应均匀、无气泡。

2 光缆接头盒盒体安装应牢固、密封良好。

3 光缆的金属外护套和加强芯应紧固在接头盒内，同一侧的金属外护套与金属加强芯在电气上应连通，两侧的金属外护套、金属加强芯应绝缘。

4 光纤收容时其弯曲半径应符合下列规定：

1）光缆的弯曲半径不应小于 40mm；

2）光缆接头处的弯曲半径不应小于护套外径的 20 倍。

检验数量：全部检查。

检验方法：观察、测量检查。

5.4.2 数据线缆终接除应符合现行国家标准《综合布线系统工程验收规范》GB/T 50312 的规定外，尚应符合下列规定：

1 线缆中间不应有接头；

2 线缆终接处应连接牢固，在电气上应连通。

检验数量：抽验 30%。

检验方法：观察并使用万用表测量检查。

5.4.3 电源电缆接续应符合下列规定：

1 电源电缆接续应以线色区分，不得错接与短路。

2　电源电缆的芯线与电器设备的连接应符合下列规定：

1）对截面面积 $10mm^2$ 及以下的单股铜芯线，应直接与设备的端子连接；

2）对截面面积在 $2.5mm^2$ 及以下的多股铜芯线，应拧紧搪锡或压接端子后再与设备端子连接；

3）对截面面积大于 $2.5mm^2$ 的多股铜芯线，除设备自带插接式端子外，应焊接或压接端子后再与设备端子连接，多股铜芯线与插接式端子连接前，端部应拧紧搪锡。

3　每个设备的端子接线不应多于两根电线。

4　电源电缆的芯线连接管和端子规格应与芯线的规格适配，且不得采用开口端子。

检验数量：抽验 30%。

检验方法：观察并用万用表进行测量检查。

实施建议：

1. 施工单位：在施工过程中，施工人员加强自检，工序完成后质量人员按《标准》要求进行检查并做好质量员签字的检查记录。

2. 监理单位：要求施工单位在“5.4　线缆接续　Ⅰ　主控项目”工序完成后，逐项做好检测记录，监理抽查符合要求后双方签字确认。

4.4.2 《标准》引用

Ⅱ　一般项目

5.4.4　在同一单位工程中，电线绝缘层颜色选择应一致。

检验数量：抽验 30%。

检验方法：观察检查。

实施建议：

1. 施工单位：全部检查，做好检测记录。

2. 监理单位：应按“5.4　线缆接续　Ⅱ　一般项目”要求进行检查，发现问题，及时对施工单位提出整改，并做好监理记录。

4.4.3 《标准》引用

5.5　线缆特性检测

Ⅰ　主 控 项 目

5.5.1　控制电缆线间以及对地间的绝缘电阻值应大于0.5MΩ。

检验数量：全部检查。

检验方法：用绝缘电阻测试仪进行测量检查。

5.5.2　光线路特性指标应符合下列规定：

1　每根光纤接续损耗平均值应符合下列规定：

1）单模光纤取值范围应为$\overline{\alpha} \leqslant 0.1dB$；

2）多模光纤取值范围应为$\overline{\alpha} \leqslant 0.2dB$。

2　光缆段每根光纤接头损耗平均值应符合下列规定：

1）单模光纤取值范围应为$\overline{\alpha} \leqslant 0.08dB$；

2）多模光纤取值范围应为$\overline{\alpha} \leqslant 0.2dB$。

3　每根光纤活动连接器损耗平均值应符合下列规定：

1）单模光纤取值范围应为$\alpha_c \leqslant 0.7dB$；

2）多模光纤取值范围应为$\alpha_c \leqslant 1.0dB$。

4　光纤线路衰减的测试值应小于光纤线路衰减的计算值，其计算值应按下式计算：

$$\alpha_1 = \alpha_0 L + \overline{\alpha} n + \alpha_c m \qquad (5.5.2)$$

式中：α_1——光纤线路衰减计算值（dB）；

α_0——光纤衰减标称值（dB/km）；

L——光缆段长度（km）；

$\overline{\alpha}$——光缆段每根光纤接头平均损耗（dB）；

n——光缆段内每根光纤接头数；

α_c——光纤活动连接器平均损耗（dB）；

m——光缆段内每根光纤活动连接器数。

5 光缆布线链路的衰减在规定的传输窗口应符合表 5.5.2–1 的规定。

表 5.5.2–1　光缆布线链路的衰减

布　线	链路长度（m）	衰减 α_1（dB）			
		单模光纤		多模光纤	
		1310nm	1550nm	850nm	1300nm
水平	100	≤ 2.2	≤ 2.2	≤ 2.5	≤ 2.5
水平配线子系统	500	≤ 2.7	≤ 2.7	≤ 3.9	≤ 2.6
垂直干线子系统	1500	≤ 3.6	≤ 3.6	≤ 7.4	≤ 3.6

6 光缆布线链路的最小光回波损耗应符合表 5.5.2–2 的规定。

表 5.5.2–2　光缆布线链路的最小光回波损耗

类　别	单 模 光 纤		多 模 光 纤	
波长（nm）	1310	1550	850	1300
光回波损耗（dB）	≥ 26	≥ 26	≥ 20	≥ 20

检验数量：全部检查。

检验方法：用网络分析仪进行衰减、波长和回波损耗的测量检查。

Ⅱ 一般项目

5.5.3 数据电缆的特性指标应符合现行国家标准《综合布线系统工程验收规范》GB/T 50312 的规定。

检验数量：全部检查。

检验方法：用以太网电缆测试仪进行测量检查。

实施建议：

1. 施工单位：根据要求的数量进行检查，做好检查和检测记录。

2. 监理单位：监理工程师要按照“5.5 线缆特性检测 Ⅰ 主控项目”的要求，与施工单位一起逐项做好检查和检测见证并记录，并宜取样送第三方进行检测，获得检测合格报告后，方可实施安装与验收。

第五章　设备安装与配线

第一节　一 般 规 定

5.1.1 《标准》引用

6.1　一 般 规 定
6.1.1　设备安装与配线的验收应包括车站终端设备、机房设备、紧急按钮的安装、设备配线以及用于安装终端设备的各类票亭及客服中心的检验。
6.1.2　各类票亭及客服中心的规格、安装位置应满足设计要求。
6.1.3　各类票亭及客服中心内地板的铺设应平整、牢固。
6.1.4　各类票亭及客服中心的门窗、锁具应完好。

实施建议：

1. 施工单位：按《标准》“6.1　一般规定”的要求进行检查，符合要求可以施工。

2. 监理单位：按《标准》“6.1　一般规定”的要求配合施工单位对照《标准》第 6.1.1 条 ~ 第 6.1.4 条进行检查，各类票亭及客服中心条件符合规定后，再进行下道工序的施工。

3. 建设单位：应检查是否符合《标准》要求，并做好与其他相关工程施工单位在施工工期上的协调工作。

第二节　车站终端设备安装

5.2.1 《标准》引用

> **6.2　车站终端设备安装**
>
> Ⅰ　主 控 项 目
>
> **6.2.1**　车站终端设备的进场质量应符合下列规定：
>
> **1**　车站终端设备安装前应进行开箱检查，设备及附件应完好无缺，资料应齐全；
>
> **2**　车站终端设备的型号、规格和数量应满足设计要求；
>
> **3**　车站终端设备的外形尺寸、设备内各部件及接线端口的型号、规格应满足设计要求；
>
> **4**　车站终端设备构件连接应紧密、牢固。
>
> 检验数量：全部检查。
>
> 检验方法：观察检查。
>
> **6.2.2**　车站终端设备接地点、设备接地连接应可靠和牢固。
>
> 检验数量：全部检查。
>
> 检验方法：观察、测量检查。

实施建议：

1. 施工单位：应配合设备供应商对进场的终端设备质量进行检查。

2. 监理单位：应配合施工单位和设备供应商按设计文件等的要求，对车站终端设备对照《标准》“6.2　车站终端设备安装　Ⅰ　主控项目”逐项进行检查，符合要求后三方签字确认。

举例：

车站终端设备现场检查内容及注意事项：

1．设备的品种、台数，文件资料，材料等经清点后齐全，并进行清点登记，三方签字认可。当货物与合同不符时设备供应商应立即补齐。

2. 验收时对存在的问题详细描述。对检查中出现的问题，应及时解决，对有故障的设备或缺少设备材料的，应向施工单位发出整改通知，限期整改。

3. 在开箱检验中发现诸如数量、型号和外观不符合要求，设备的零部件损坏等问题，三方应当场记录在案，签字认可，并尽快更换或补齐货物。

4. 对设备的安装固定、电缆连接、接地镙钉、接地电阻、安装平衡度、尺寸要求等进行检查。对安装不符合《标准》的，施工单位应立即纠正，并经业主、监理验收认可。

5.2.2 《标准》引用

Ⅱ 一 般 项 目

6.2.3 车站终端设备安装的质量应符合下列规定：

1 车站终端设备安装位置应满足设计要求；

2 自动检票机设备安装的通道宽度应满足设计要求；

3 车站终端设备周围应按设计要求留出操作和维护空间；

4 设备和底座安装应牢固，底座与地面间应进行防水处理，设备安装垂直偏差和水平偏差不应大于3‰，自动检票机水平间隔偏差不应大于5‰。

检验数量：抽验30%。

检验方法：观察、测量检查。

6.2.4 安装于自动检票机上方的顶棚导向显示设备应牢固，安装位置应满足设计要求。

检验数量：全部检查。

检验方法：观察检查。

6.2.5 车站终端设备安装完成后，应有设备标识牌。

检验数量：全部检查。

检验方法：观察检查。

实施建议：

1. 施工单位：该工序完成后按《标准》“6.2　车站终端设备安装　Ⅱ　一般项目”要求进行检查。质量员做好检查记录。

在施工前，首先将设备安装范围内的地面清理干净，然后安装固定螺栓（固定螺栓使用前宜取样送第三方进行检测，获得合格报告后方可投入使用），在安装设备前必须将安装设备位置的地面的灰尘、垃圾清理干净，然后安装设备，在一个阵列或一排底座安装完成并进行物理调试达到标准后，再一次在底座四周进行清洁，在确保干燥的情况下，在设备底座与地面接触的四周打上密封胶，并且必须使密封胶与地面和设备接触密贴，没有缝隙和孔洞。

在施工完成后，应在设备适当位置粘贴设备标识牌。

2. 监理单位：配合施工单位按《标准》“6.2　车站终端设备安装　Ⅱ　一般项目”的要求进行检查，监理见证，并做好监理记录。

举例：

车站终端设备检查内容及注意事项：

1. 为了提高设备安装精度以及设备安装速度，设备供应商按照各设备的安装图尺寸制作专用的设备安装模板，在钻孔处进行加强处理，保证冲击钻的冲击和摩擦，延长使用寿命。同时针对设备的安装方法准备好合适的安装工具。

2. 设备就位后通过设备的安装孔及垫片进行局部调节，调整设备的纵向、横向位置及水平垂直度。最后可通过专业水平仪检查微调所有检票机。在化学螺栓安装后应进行拉拔检测，不得有松动现象，所有检票机设备安装到位后紧固化学螺栓并做防锈处理。

3. 设备接线正确、整齐，进线要加保护管保护。设备有效接地，并做好测试记录。

4. 检票机安装工艺，如图 1–5–1 所示：

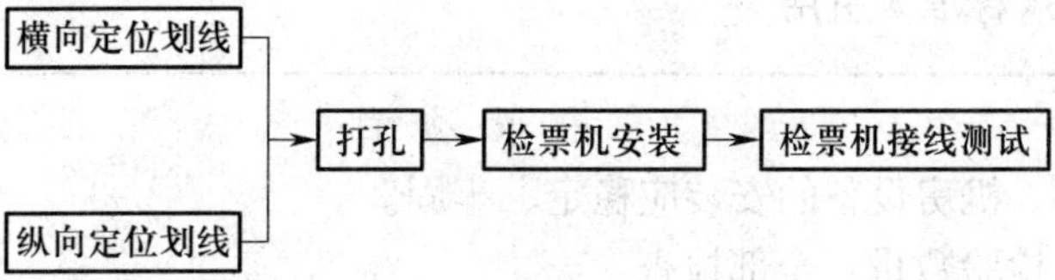

图 1-5-1　检票机安装工艺图

5．设备标识牌粘贴。

第三节　机房设备安装

5.3.1 《标准》引用

> **6.3　机房设备安装**
>
> Ⅰ　主 控 项 目
>
> **6.3.1**　机房设备应包括服务器、工作站、网络设备、存储设备、电源设备、打印机和编码分拣机等，机房设备的型号、规格、质量和数量应满足设计要求。
>
> 检验数量：全部检查。
>
> 检验方法：观察检查。
>
> **6.3.2**　机柜插接件应插接准确、牢固。
>
> 检验数量：全部检查。
>
> 检验方法：观察检查。

实施建议：

1. 施工单位：在设备到达现场后，按《标准》对照设计文件进行自检，做好检查记录。

2. 监理单位：要求施工单位按《标准》“6.3　机房设备安装　Ⅰ　主控项目”进行检查，做好施工记录，监理见证，并做好监理记录。检查记录，监理和施工单位签字确认。

5.3.2 《标准》引用

Ⅱ 一 般 项 目
6.3.3 机房设备的安装应稳定、牢固。 检验数量：全部检查。 检验方法：观察检查。
6.3.4 机柜的安装质量应符合下列规定： **1** 机柜应固定牢固，机柜安装的垂直偏差和水平偏差均不应大于3‰； **2** 同列机柜正面应位于同一平面，允许偏差不应大于5‰； **3** 机柜应采用不小于6mm^{2}的接地线，接地应牢固。 检验数量：全部检查。 检验方法：观察、测量检查。
6.3.5 设备的附件和备件应齐全完整。 检验数量：全部检查。 检验方法：观察检查。
6.3.6 设备的机箱应完好，不应有变形、脱漆和锈蚀。 检验数量：全部检查。 检验方法：观察检查。
6.3.7 机房设备安装完成后，应有设备标识牌，包括设备的名称和编号，位置应醒目。 检验数量：全部检查。 检验方法：观察检查。

实施建议：

1. 施工单位：在安装施工过程中按《标准》对照设计文件全部自检，做好施工检查记录。

施工单位根据工程进度要求，制定设备安装、验收计划，提交业主审批、确认。安装验收包括但不限于以下内容：

（1）设备安装检验项目为：设备型号、规格；设备安装位置及固定；机架机柜排列；垂直度与水平度；设备外观；插接件安装。

（2）所有设备、电缆布线和配电安全、可靠。

（3）所有连接装置、绝缘体、门、盖板安装适当且可以调整。

（4）所有外露的金属部分根据国际电工委员会（IEC）的有关规程和要求进行接地。接地点符合系统要求。

（5）所有电源加保险或其他保护，使得在故障情况下能安全自动断开。

（6）电源引入检验项目为：电源电压及波动范围、电源线直流特性、直流电源线正负极标识。

（7）所有保护盖、提示和标签安装和粘贴在适当的位置上。

（8）机壳和机箱的内外都干净无杂物。

（9）电缆和设备的绝缘电阻大于国际电工委员会（IEC）规定的要求。

（10）所有用于故障指示和报警的电子回路工作正常。

（11）所有设备和系统的性能指标选用适当的仪器、方法进行测试，测试结果应符合用户需求书要求。对未通过验收的安装项目，应向设备供应商发出修改、替换通知，设备供应商应限期修改、替换。

（12）设备间的配线线缆应有线缆标识。

2. 监理单位：按《标准》“6.3　机房设备安装　Ⅱ　一般项目”要求逐项进行检查，并做好施工记录。监理巡检抽查，做好监理记录。

第四节 设 备 配 线

5.4.1 《标准》引用

> **6.4 设 备 配 线**
>
> Ⅰ 主 控 项 目
>
> **6.4.1** 设备配线线缆的规格、型号应满足设计要求。
>
> 检验数量：抽验10%。
>
> 检验方法：观察检查。
>
> **6.4.2** 电源线连接到地面插座盒、墙上插座盒、多功能插座板的接线，以及设备引出电源线的位置应满足设计要求。
>
> 检验数量：全部检查。
>
> 检验方法：观察检查。
>
> **6.4.3** 电源线缆两端的标识应齐全。电源端子、电源线缆的连接点应连接牢固。
>
> 检验数量：全部检查。
>
> 检验方法：观察检查。

实施建议：

1. 施工单位：在施工过程中按《标准》对照设计文件全部进行自查，做好施工记录。

2. 监理单位：要求施工单位按《标准》“6.4 设备配线 Ⅰ 主控项目”进行检查，做好施工记录，监理见证，并做好监理记录。

5.4.2 《标准》引用

> Ⅱ 一 般 项 目
>
> **6.4.4** 设备配线线缆不得破损、受潮、扭曲、折皱，配线转

弯的弯曲半径不得小于线缆直径的5倍。在进出设备的部位和转弯处，应固定牢固。

检验数量：抽验10%。

检验方法：观察、测量检查。

6.4.5 设备配线线缆中间不得有接头。

检验数量：抽验10%。

检验方法：观察检查。

6.4.6 设备线缆布放应平直整齐，绑扎应牢固。

检验数量：抽验10%。

检验方法：观察检查。

6.4.7 设备内外连接线应连接牢固，不得有裸露导电部分。

检验数量：抽验10%。

检验方法：观察检查。

实施建议：

1. 施工单位：在施工过程中按《标准》对照设计文件全部进行自查，做好施工检测记录。

2. 监理单位：要求施工单位按《标准》“6.4 设备配线 Ⅱ 一般项目”进行检查，监理抽查，并做好监理记录。

举例：

检验批完成后应做检验批验收工作，按照《标准》填写检验批质量验收记录。

第六章　车票与车票读写机具

第一节　一 般 规 定

6.1.1 《标准》引用

<table><tr><td>

7.1　一 般 规 定

7.1.1　车票的基本要求应符合现行国家标准《城市轨道交通自动售检票系统技术条件》GB/T 20907 的规定。

7.1.2　对车票进行验收时，其数量、型号、规格、材质、印刷、外观、包装等应满足设计要求。

7.1.3　车票读写机具的结构外观、气候环境适应性、机械环境适应性应满足设计要求。

7.1.4　当验收车票与车票读写机具时，应提供下列文件：

1　产品合格证明；

2　车票与车票读写机具的出厂检测报告；

3　对国家规定实行生产许可证或 3C 认证的产品，应提供生产许可证或 3C 认证证书。

7.1.5　车票与车票读写机具验收合格判定应符合下列规定：

1　当车票与车票读写机具抽验合格率符合票卡及车票读写机具设计要求时，应判为合格；

2　当车票与车票读写机具抽验合格率不符合票卡及车票读写机具设计要求时，应对本批车票和车票读写机具进行再一次抽验，若两次抽验的合格率均不满足设计要求，则应判本批产品不合格。

7.1.6　车票读写机具电源适应性、电磁兼容性、电机电气安全应满足设计要求。

</td></tr></table>

实施建议：

1. 施工单位：应按《标准》和设计要求进行检查，做好检查记录。

2. 监理单位：监理工程师按《标准》“7.1　一般规定”进行检查，并按照现行行业标准《城市轨道交通自动售检票系统检测技术规程》CJJ/T 162 的规定进行检查、验收，做好监理记录。

对于支持虚拟车票的 AFC 系统，应按设计要求对机具读取虚拟车票的功能进行检查、验收。

第二节　车票与车票读写机具检测

6.2.1 《标准》引用

> **7.2　车票与车票读写机具检测**
>
> Ⅰ　主 控 项 目
>
> **7.2.1**　车票的类型、尺寸以及封装材料和工艺应满足设计要求。
>
> 检验数量：抽验本批车票总量的 1‰。
>
> 检验方法：观察、测量检查。
>
> **7.2.2**　车票的物理特性、电气特性、应用文件、安全机制应符合现行国家标准《城市轨道交通自动售检票系统技术条件》GB/T 20907 的规定。
>
> 检验数量：抽验本批车票总量的 1‰。
>
> 检验方法：观察、测量检查。
>
> **7.2.3**　车票的应用检测应符合现行行业标准《城市轨道交通自动售检票系统检测技术规程》CJJ/T 162 的规定。
>
> 检验数量：抽验本批车票总量的 1‰。
>
> 检验方法：按现行行业标准《城市轨道交通自动售检票系统检测技术规程》CJJ/T 162 的检测方法进行检测。

7.2.4 车票读写机具的应用检测应符合现行行业标准《城市轨道交通自动售检票系统检测技术规程》CJJ/T 162 的规定。

检验数量：抽验车票读写机具总量的 10%。

检验方法：按现行行业标准《城市轨道交通自动售检票系统检测技术规程》CJJ/T 162 的检测方法进行检测。

Ⅱ 一 般 项 目

7.2.5 车票外观检验应符合下列规定：

1 车票应平整光滑，无明显察觉的划痕、凸凹痕、摩擦痕，边缘无毛刺；

2 车票表面印刷的图案和文字应清晰；

3 车票应无明显线圈和芯片等内封装物的显现。

检验数量：抽验本批车票总量的 1‰。

检验方法：观察检查。

7.2.6 车票包装检查应符合下列规定：

1 车票包装应完好无损；

2 规格与型号应满足设计要求；

3 应有出厂编号、批号和合同号；

4 应有生产日期；

5 包装箱内应有装箱单、产品合格证、产品出厂检测报告。

检验数量：全部检查。

检验方法：观察检查。

7.2.7 车票运输和储存检查应符合下列规定：

1 在运输中应防水、防火，不得受到强烈冲击、雨淋及曝晒；

2 应储存在环境温度 0℃ ~ 40℃、相对湿度不大于 60% 的库房中，库房中不得有腐蚀性化学药品。

7.2.8 车票读写机具外观和结构检验应符合下列规定：

1 车票读写机具的表面不应有明显的凹痕、划伤、裂缝、变形和污染等，表面涂镀层应均匀，不应起泡、龟裂、脱落和磨损，金属零部件不应有锈蚀及机械损伤；

2 车票读写机具的零部件应紧固无松动；

3 车票读写机具的标识、铭牌和说明功能的文字及符号，应简明清晰，其中铭牌上应标出产品名称、商标、产地、型号、制造单位以及机器编号。

检验数量：抽检 10%。

检验方法：观察检查。

实施建议：

1. 施工单位： 应按《标准》和设计要求进行检查，做好检查记录。

2. 监理单位： 监理工程师按《标准》“7.2　车票与车票读写机具检测　Ⅰ　主控项目和Ⅱ　一般项目”内容进行检查，并做好监理记录，检查时注意以下事项：

（1）车票和车票读写机具的检查分为定型检查和到货检查。

（2）定型检查宜提交第三方按设计要求对全部主控项目进行检测。

（3）到货检查宜由用户单位和监理单位根据现场条件对一般项目和部分主控项目进行检测。

（4）车票材质或形状应满足设计要求。

（5）虚拟车票的处理机具的性能应按设计要求进行检测。

（6）施工单位按表 1–6–1 ～表 1–6–4 所示的要求进行检查验收。

举例：

表 1-6-1　______工程 AFC 系统卡片型车票到货检查验收表

编号：

序号	检查验收项目	设计要求	检查数量	检查结果
1	外观			
2	包装			
3	长度			
4	宽度			
5	厚度			
6	封装材料和工艺			
7	读写感应距离			
8	运输情况			
9	储存环境			
验收结论				

验收人员：______　　验收日期：　年　月　日

表 1-6-2　______工程 AFC 系统筹码型车票到货检查验收表

编号：

序号	检查验收项目	设计要求	检查数量	检查结果
1	外观			
2	包装			
3	直径			

续表 1–6–2

序号	检查验收项目	设计要求	检查数量	检查结果
4	厚度			
5	封装材料和工艺			
6	读写感应距离			
7	运输情况			
8	储存环境			
验收结论				

验收人员：______　　　验收日期：　　年　　月　　日

表 1–6–3　______工程 AFC 系统车票读写机具到货检查验收表

编号：

序号	检查验收项目	设计要求	检查数量	检查结果
1	外观			
2	包装			
3	结构			
4	标识及铭牌			
验收结论				

验收人员：______　　　验收日期：　　年　　月　　日

表 1-6-4　______工程 AFC 系统虚拟车票处理机具到货检查验收表

编号：

序号	检查验收项目	设计要求	检查数量	检查结果
1	外观			
2	包装			
3	结构			
4	标识及铭牌			
5	机具处理速度			
6	机具处理距离			
7	机具处理范围			
验收结论				

验收人员：______　　　验收日期：　　年　　月　　日

第七章　车站终端设备

第一节　一 般 规 定

7.1.1 《标准》引用

8.1　一 般 规 定
8.1.1　车站终端设备宜包括自动检票机、自动售票机、半自动售票机、自动充值机、自动验票机、便携式验票机。
8.1.2　车站终端设备出厂技术资料应包括下列文件： **1**　产品合格证明； **2**　设备出厂检测报告； **3**　生产许可证； **4**　产品操作手册和维护手册。

实施建议：

1. 施工单位：

（1）应配合设备供应商对进场的终端设备质量进行开箱检查和清点，如表 1–7–1 所示，并记录设备名称、型号、数量等；

（2）可根据合同要求扩展包含“互联网 +AFC”设备。

2. 监理单位：按《标准》“8.1　一般规定”的要求，配合施工单位对进场设备进行开箱检查，其设备种类、型号、规格、数量应符合设计要求，随机资料及配件应符合设备的技术条件要求和工程采购合同的要求，并经三方代表（设备供应商、施工单位、监理单位）签字确认。

举例：

表 1–7–1 ______工程 AFC 设备______车站现场送货清单

时间：　　年　　月　　日

名　　称	型　　号	数　　量	备　　注
出站检票机	AFC GJG–20	14 台	
进站检票机	AFC GJG–19	13 台	
票盒		28 个	
合格证		27 个	
三杆		27 个	

设备供应商：______有限公司　（签名）

总承包单位：______有限公司　（签名）

监理单位：______监理公司　（签名）

第二节　自动售票机

7.2.1 《标准》引用

8.2　自动售票机

Ⅰ　主 控 项 目

8.2.1　当自动售票机与车站计算机系统间双向通信正常时，自动售票机应实时将交易记录上传车站计算机系统并在车站计算机系统上显示交易记录。

检验数量：全部检查。

检验方法：在自动售票机上进行售票测试检查。

8.2.2　自动售票机应具有多种操作模式功能。

检验数量：全部检查。

检验方法：进行每种操作模式测试检查。

8.2.3　自动售票机的基本功能应符合下列规定：

1　应能发售有效车票；

2 应具备自动接收硬币、纸币、储值票、第三方支付和银行卡等一种或数种支付方式；

3 在采用现金作为支付方式时，应具有自动找零功能；

4 应能对密钥安全性进行检查；

5 应能向车站计算机系统上传车票处理交易、设备运行状态等数据，接收车站计算机系统或中央计算机系统下达的命令、票价表、黑名单等参数数据，并应对版本控制参数执行自动生效处理；

6 在与中央计算机系统或车站计算机系统通信中断时，应能在离线模式下工作，保存数据的时间应满足设计要求，在通信恢复正常后，应能自动上传未传送的数据；

7 人机操作界面显示的信息宜具有中英文选择功能，默认语言应为中文；

8 应具有与车站计算机系统时间同步的功能。

检验数量：全部检查。

检验方法：对照功能要求进行逐项测试检查。

8.2.4 自动售票机的找零功能应满足设计要求。

检验数量：全部检查。

检验方法：进行找零功能的测试检查。

8.2.5 售票操作功能应符合下列规定：

1 乘客在选择目的地与张数或者选择票值与张数后，乘客显示器应显示收费金额；

2 乘客显示器应实时显示乘客投入金额或需投入的金额，当投入金额大于或等于所需金额时，应开始发售车票并找零；

3 乘客显示器应显示硬币投入和纸币投入的操作提示；

4 无效操作应通过不同声响或在乘客显示器上有提示；

5 当出票口、退币口及找零口有车票、硬币或纸币时，宜有明显的声音提示和指示灯指示。

检验数量：全部检查。

检验方法：按功能要求进行售票操作功能测试检查。

8.2.6 车票发售模块功能应符合下列规定：

1 车票发售模块应能一次性发售单张或多张车票；

2 单张车票的发售时间应满足设计要求。

检验数量：全部检查。

检验方法：对照车票发售功能要求进行逐项测试检查。

8.2.7 硬币处理模块功能应符合下列规定：

1 可接受硬币的种类应能通过调整参数进行设置；

2 可接受硬币种类的数量应满足设计要求；

3 真币的接收率和假币的拒绝率应满足设计要求，无法识别的硬币应做退币处理；

4 找零硬币的种类及每种硬币的存币量应满足设计要求；

5 硬币暂存器和硬币找零器的容量应满足设计要求；

6 当自动售票机暂停服务或关闭时，投币口应关闭。

检验数量：按硬币处理模块的种类，每种检查一台。

检验方法：对照硬币处理模块功能要求逐项进行测试检查。

8.2.8 纸币接收模块功能应符合下列规定：

1 可接受纸币的种类应能通过调整参数进行设置；

2 可接受纸币种类的数量应满足设计要求；

3 纸币真币检测准确率和假币拒绝率应满足设计要求，无法识别的纸币应做退币处理；

4 应具有纸币暂存功能，且纸币暂存器容量和纸币鉴伪识别方式应满足设计要求；

5 当自动售票机暂停接收纸币、暂停服务或关闭时，投币口应关闭；

6 应具有实时监测存款钱箱安装到位功能；

7 应实时监测存款钱箱的状态；

8 存款钱箱的容量应满足设计要求。

检验数量：按纸币接收模块的种类，每种检查一台。

检验方法：对照纸币接收模块功能要求逐项进行测试检查。

8.2.9 纸币找零模块功能应符合下列规定：

1 纸币找零速度、钱箱容量和可找零纸币的种类应满足设计要求；

2 应监测找零钱箱内钱币的状态；

3 找零钱箱应具有安全锁装置；

4 应具有实时监测找零钱箱安装到位功能；

5 应具有纸币回收功能；

6 纸币回收箱容量应满足设计要求。

检验数量：按纸币找零模块的种类，每种检查一台。

检验方法：对照纸币找零模块功能要求逐项进行测试检查。

8.2.10 纸币循环模块功能应符合下列规定：

1 可接受纸币的种类应能通过调整参数进行设置；

2 可接受纸币种类的数量应满足设计要求；

3 纸币鉴伪识别方式、真币检测准确率和假币拒绝率应满足设计要求，且无法识别的纸币应做退币处理；

4 应具有自动补币功能，补充的纸币应经过鉴伪识别；

5 当自动售票机暂停接收纸币、暂停服务或关闭时，投币口应关闭；

6 纸币暂存器、补币钱箱、循环钱箱及存款钱箱的容量应满足设计要求；

7 循环钱箱和存款钱箱应带有安全锁装置；

8 应实时监测存款钱箱和循环钱箱的状态；

9 应具有实时监测循环钱箱和存款钱箱安装到位功能。

检验数量：按纸币循环模块的种类，每种检查一台。

检验方法：对照纸币循环模块功能要求逐项进行测试检查。

8.2.11 自动售票机开门时应进行安全识别检测，应有输入身份识别码和操作密码的时间限制，并应有超时报警，输入的身份识别码和登录时间应实时上传至车站计算机系统。

检验数量：全部检查。

检验方法：进行开门及身份识别码和密码测试验证。

8.2.12 设备断电后应能完成最后一次交易处理，并应保证交易记录不丢失。

检验数量：全部检查。

检验方法：进行断电测试检查。

8.2.13 在进行购票操作时，若不按规定操作，系统应能自动提示，提示内容应满足设计要求。

检验数量：全部检查。

检验方法：进行非正常购票操作测试检查。

8.2.14 自动售票机所有金属外壳或机体应可靠接地，其保护接地导体和保护连接导体应符合现行国家标准《信息技术设备　安全　第1部分：通用要求》GB 4943.1 的规定。

检验数量：全部检查。

检验方法：观察检测。

Ⅱ　一 般 项 目

8.2.15 自动售票机的非金属部分材质应具备阻燃性，并应无毒、无卤。

检验数量：全部检查。

检验方法：观察检查。

8.2.16 自动售票机上安装的读写机具的功能与性能应满足设计要求。

检验数量：全部检查。

检验方法：观察检查。

实施建议：

1. 施工单位：

（1）应做好自动售票机单机测试计划和测试的准备工作，在测试中按《标准》“8.2　自动售票机”的要求进行检查并做好检查记录，测试人员和参检人员应签字确认。

（2）对于支持“互联网+AFC”的自动售票机，其相关功能可支持离线模式验证，需按设计文件进行自查，并做好测试记录。

2. 监理单位：要求施工单位做好如下测试，并做见证试验，合格则签字确认，同时做好见证记录。

（1）做好单机测试计划，对安装好的自动售票机进行单机测试。

（2）按《标准》“8.2　自动售票机”的要求逐项进行检查测试。

（3）对“互联网+AFC”自动售票机的功能进行检查测试。

举例：

参见本章7.4.1“自动检票机”单机测试“举例”的内容。

对测试结果处理：在单台自动售票机设备的试验过程中，如果在同一台设备上发生三次或更多的连续故障或发生两次相同的故障，则该设备将被认为不合格。在这种情况下，总承包和分包单位应对该设备进行免费维修或更换。

测试报告：经业主和监理工程师确认，对通过单机测试的每一设备出具现场测试合格报告，该测试合格报告应由业主和监理工程师确认。

第三节　半自动售票机

7.3.1 《标准》引用

> **8.3　半自动售票机**
>
> Ⅰ　主 控 项 目
>
> **8.3.1**　半自动售票机与车站计算机系统间双向通信应正常，且半自动售票机应能实时将交易数据上传车站计算机系统，并应在车站计算机系统上显示交易记录。
>
> 检验数量：全部检查。
>
> 检验方法：用车票在半自动售票机上进行操作测试，并在车站计算机上查看交易记录。
>
> **8.3.2**　半自动售票机的基本功能应符合下列规定：
>
> **1**　应具有权限登录功能，且应能自动生成班次报告；
>
> **2**　应能打印车票及现金处理单据；
>
> **3**　操作显示器应显示系统及设备状态信息，当对车票进行处理时，操作显示器应显示车票处理及分析信息，并应显示下一步操作的指示信息，在进行现金处理时，应显示现金处理信息；
>
> **4**　乘客显示器应显示车票分析、处理结果及现金信息，在未登录前或半自动售票机发生故障时，乘客显示器应显示暂停服务的信息，在设备正常登录后，乘客显示器应显示正常服务的信息；
>
> **5**　在与中央计算机或车站计算机通信中断时，应能在离线模式下工作，离线模式下数据保存的时间应满足设计要求，在通信恢复后，应能自动上传未传送的数据；
>
> **6**　应具有与车站计算机系统时间同步的功能。
>
> 检验数量：全部检查。

检验方法：按半自动售票机的基本功能要求进行测试检查。

8.3.3 半自动售票机应能对车票进行信息内容检查。

检验数量：全部检查。

检验方法：使用车票对半自动售票机进行测试检查。

8.3.4 车票发售时，半自动售票机的显示器应显示下列内容：

1 赋值前，操作显示器应显示将发售车票的类型、将赋值金额信息，乘客显示器应显示将发售车票的金额信息；

2 赋值后，操作显示器及乘客显示器应显示将发售车票赋值后的金额；

3 赋值失败后，操作显示器应显示失败信息。

检验数量：全部检查。

检验方法：进行半自动售票机车票发售时显示功能测试检查。

8.3.5 半自动售票机处理单张车票的时间应符合现行国家标准《城市轨道交通自动售检票系统技术条件》GB/T 20907 的规定。当有自动出票功能时，车票处理时间应满足设计要求。

检验数量：全部检查。

检验方法：进行半自动售票机车票处理速度测试检查。

8.3.6 车票充值时，半自动售票机的显示器显示的内容应符合下列规定：

1 充值前，操作显示器及乘客显示器应显示车票的余值信息；

2 充值后，操作显示器及乘客显示器应显示车票的新余值信息；

3 充值失败，操作显示器应显示失败信息。

检验数量：全部检查。

检验方法：使用半自动售票机对车票进行充值测试检查。

8.3.7 车票更新应符合下列规定：

1 半自动售票机更新车票的内容应包含进出站状态、时间及车费更新标志等编码信息；

2 当车票存在两种或以上需同时更新的项目时，应对每项更新处理进行确认；

3 当进行车票更新时，应有车票更新记录；

4 车票的可更新次数应满足设计要求；

5 黑名单或未初始化的无效车票应不能进行更新；

6 操作显示器应显示车票的分析结果、历史交易数据及车票状态；

7 乘客显示器应显示车票的分析结果、余值。

检验数量：全部检查。

检验方法：进行半自动售票机车票更新功能测试检查。

8.3.8 在进行收款处理时，收款信息应在操作显示器及乘客显示器显示。

检验数量：全部检查。

检验方法：进行半自动售票机收款处理时显示测试检查。

8.3.9 半自动售票机所有金属外壳或机体应可靠接地，其保护接地导体和保护连接导体应符合现行国家标准《信息技术设备 安全 第1部分：通用要求》GB 4943.1 的规定。

检验数量：全部检查。

检验方法：观察检测。

Ⅱ 一般项目

8.3.10 半自动售票机的非金属部分材质应具备阻燃性，并应无毒、无卤。

检验数量：全部检查。

检验方法：观察检查。

8.3.11 半自动售票机上安装的读写机具的功能与性能应满足设计要求。

检验数量：全部检查。

检验方法：观察检查。

实施建议：

1. 施工单位：

（1）按《标准》“8.3　半自动售票机”的要求进行检查并做好检查记录，测试人员和参检人员应签字确认。

（2）对于支持“互联网+AFC”的半自动售票机，其相关功能可支持离线模式验证，需按设计文件进行自查，并做好施工记录。

2. 监理单位：要求施工单位做好如下测试，并做见证试验，合格则签字确认，同时做好见证记录。

（1）所有安装好的半自动售票机进行单机测试；

（2）按《标准》“8.3　半自动售票机”的要求逐项进行检查测试；

（3）对“互联网+AFC”半自动售票机的功能进行检查测试。

举例：

参见本章7.4.1“自动检票机”单机测试“举例”的内容。

第四节　自动检票机

7.4.1 《标准》引用

8.4　自动检票机

Ⅰ　主 控 项 目

8.4.1 自动检票机与车站计算机间应实现通信功能，且自动检票机应能将交易数据上传车站计算机系统，并应在车站计算机系统上显示交易记录。

检验数量：全部检查。

检验方法：用车票通过自动检票机进行测试，并在车站计算机上查看交易记录。

8.4.2 自动检票机主要性能应符合现行国家标准《城市轨道交通自动售检票系统技术条件》GB/T 20907 的规定。

检验数量：全部检查。

检验方法：用多人、多张车票依次快速通过自动检票机进行测试，观察显示数据及闸门状态，检测自动检票机性能。

8.4.3 安装在自动检票机上的读写机具与各种车票的读写感应距离和响应时间应满足设计要求。

检验数量：全部检查。

检验方法：用各种车票在自动检票机上使用，检测读写机具与车票的感应距离和响应时间。

8.4.4 自动检票机的基本功能应符合下列规定：

1 应具有车票有效性检查功能；

2 应能向车站计算机系统上传车票处理交易、设备运行状态等数据，应能接收车站计算机系统或中央计算机系统下达的命令、票价表、黑名单等参数数据，并应对版本控制参数执行自动生效处理；

3 当回收车票有多个票箱时，票箱之间应能自动切换，当设备内票箱渐满至系统设定值时，自动检票机应能向车站计算机系统告警，并应能显示设备号，当回收票箱已满时，可拒收回收类车票，并应在乘客显示屏上有提示，对非回收类车票可正常检票；

4 当与中央计算机系统或车站计算机系统通信中断时，应能在离线模式下工作，离线模式下数据保存的时间应满足设计要求，在通信恢复正常后，应能自动上传未传送的数据；

5 自动检票机的方向指示器应显示允许通行或禁止通行标志；

6 自动检票机的乘客显示器、方向指示器和车票回收口指示灯应能实时反映车票信息、通行指示和设备状态信息；

7 在处理特种车票时，应有声光信号进行提示；

8 当双向自动检票机在一端使用时，另一端应自动暂停使用，且乘客显示屏和方向指示器应显示相应提示；

9 自动检票机黑名单车票检测功能应能根据参数设置不同黑名单车票在自动检票机设备的处理模式，该模式应通过显示、警示灯、蜂鸣器、车票使用限制等不同组合实现对不同等级黑名单车票的处理，当自动检票机检查到有黑名单车票使用时，应将黑名单信息上传至车站计算机系统；

10 应具有与车站计算机系统时间同步的功能。

检验数量：全部检查。

检验方法：对照自动检票机的基本功能进行逐项测试检查。

8.4.5 当使用正常车票时，自动检票机应自动完成进站和出站通行，且进出站人数应与车票使用次数一致。

检验数量：全部检查。

检验方法：使用车票进行自动检票机进站和出站通行测试检查。

8.4.6 当使用非正常车票时，自动检票机的乘客显示器应能显示提示信息，并应有声光信号告警，自动检票机的处理方式应满足设计要求。

检验数量：全部检查。

检验方法：用非正常车票进行自动检票机的进站和出站通行测试检查。

8.4.7 在紧急情况下触发计算机系统上的紧急模式或紧急按钮时，所有自动检票机闸锁应立即全部解锁处于常开状态，乘客可不使用车票快速通过自动检票机出站。所有自动检票机应根据紧急模式下只出不进的原则显示禁止进站标志和允许出站标志。

检验数量：全部检查。

检验方法：进行自动检票机紧急模式测试检查。

8.4.8 当自动检票机正在交易遇电源中断时，自动检票机应能记录最后一笔交易，设备应立即自动解锁并应处于断电常开状态，乘客不使用车票可通过自动检票机出站。

检验数量：全部检查。

检验方法：进行自动检票机的交易中断电测试检查。

8.4.9 当无票强行进站或出站时，自动检票机应能阻止进站或出站，并应有声光信号告警提示。

检验数量：全部检查。

检验方法：做强行进站和出站测试检查。

8.4.10 安装于自动检票机上方顶棚的导向显示装置应与自动检票机方向指示器的显示一致。

检验数量：全部检查。

检验方法：观察检查。

8.4.11 当自动检票机同时检测到多张车票待处理时，应按设计要求的流程处理。

检验数量：全部检查。

检验方法：进行多张车票进站和出站测试检查。

8.4.12 自动检票机的乘客显示器所显示的内容和信息，应满足设计要求。

检验数量：全部检查。

检验方法：观察检查。

8.4.13 自动检票机的安全检测应符合下列规定：

1 自动检票机的所有金属外壳或机体应可靠接地，其保护接地导体和保护连接导体应符合现行国家标准《信息技术设备 安全 第1部分：通用要求》GB 4943.1的规定；

2 当乘客正常使用自动检票机时，应能安全通行；

3 当乘客携带符合规定的行李通过门式自动检票机时，应能安全通行；

4 当特殊乘客使用轮椅或婴儿推车通过门式自动检票机时，应能安全通行。

检验数量：全部检查。

检验方法：观察检查。

Ⅱ 一般项目

8.4.14 自动检票机的非金属部分材质应具备阻燃性，并应无毒、无卤。

检验数量：全部检查。

检验方法：观察检查。

8.4.15 自动检票机上安装的读写机具的功能与性能应满足设计要求。

检验数量：全部检查。

检验方法：观察检查。

实施建议：

1. 施工单位：

（1）对所有安装好的进出站检票机进行单机测试。

（2）按《标准》“8.4 自动检票机”的要求逐项进行检查测试。

（3）按《标准》对照设计文件全部进行自查，做好施工记录。

（4）对于支持虚拟车票的自动检票机，其相关功能可支持离线模式，需按设计文件进行自查，并做好施工记录。

2. 监理单位：

（1）按《标准》“8.4　自动检票机”要求施工单位进行检查，做好测试记录，监理见证试验，合格后签字确认，并做好监理记录。

（2）要求施工单位对支持虚拟车票的自动检票机的功能进行检查测试，做好测试记录，监理见证试验，合格后签字确认，并做好监理记录。

举例：

______工程　______站终端设备单机测试计划

1. 测试目的：AFC 设备安装后，其在车站电磁环境中的性能、功能、安全指标应符合设计要求，对不符合的项目，要求项目总承包和分包单位及时查找原因和修复，直至符合要求。

2. 测试项目：AFC 设备的性能与功能、安全、电源波动、设备和线缆材质。由于终端设备已经通过了工厂验收测试，因此，本测试中的测试项目，可作适当精简。设备和线缆的材质主要检查设备供应商提供的第三方材质检查报告、合格证，并现场观察检查相应的设备和线缆材质。

3. 被检设备：进站检票机、出站检票机、双向检票机。

4. 测试地点：各个车站及控制中心。

5. 测试时间：在单机测试前，总承包和分包单位将测试计划及内容通知业主和监理工程师，以便业主派代表参加。在车站设备安装检验后，立即进行单机检测。

6. 参加人员：业主代表，监理代表，总承包系统测试组，施工安装组。

7. 测试表格：单机测试记录表格应有被检设备、测试地点、测试时间、参加人员、测试项目、测试结果等。

8. 检验批完成后可进行检验批验收检查，如表 1–7–2 所示。

表 1–7–2 ______工程 AFC 设备安装验收表

编号:

车站	______车站______设备		验收日期	年 月 日
序号	检查验收项目	子项目	存在问题	处理结果
1	合同设备	按图纸全部安装到位		
		部件配备齐全		
2	金属线槽预埋	线槽质量证明		
		线槽连接质量		
		线槽终端安装质量		
3	金属线管敷设	线管质量证明		
		线管弯制		
		线管管口打磨		
		线管连接		
4	金属分线盒	分线盒质量证明		
		分线盒安装		
5	线缆敷设	电源电缆		
		控制电缆		
		网络电缆		
6	地脚螺栓的安装	螺栓质量证明		
		钻孔直径深度		
		螺栓安装到位		
7	设备的固定	安装牢固		
		位置横平竖直		
		密封胶		
		防火棉		

续表 1-7-2

序号	检查验收项目		子项目	存在问题	处理结果
8	电缆接线		电源电缆		
			控制电缆		
			网络电缆		
9	设备的完好情况		自动售票机		
			自动检票机		
10	装修恢复情况	大理石	质量证明		
			外形尺寸		
			安装质量		
		栏杆	焊接质量		
			打磨拉丝		
			安装稳固性		
		玻璃	质量证明		
			外形尺寸		
			安装质量		
11	设备接地		自动售票机		
			自动检票机		
12	通电后设备状态				
验收结论					
验收人员	单位名称			姓名	

第五节　自动充值机、自动验票机、便携式验票机

7.5.1 《标准》引用

> **8.5　自动充值机、自动验票机、便携式验票机**
>
> Ⅰ　主 控 项 目
>
> **8.5.1**　当自动充值机与车站计算机系统间双向通信正常时，自动充值机应将相关数据上传车站计算机系统并在车站计算机系统上显示记录。
>
> 检验数量：全部检查。
>
> 检验方法：用车票在自动充值机上进行充值测试检查。
>
> **8.5.2**　自动充值机的基本功能应符合下列规定：
>
> **1**　可接收钱币的种类应满足设计要求，对于无法识别的纸币应做退币处理；
>
> **2**　应能对密钥安全性进行检查；
>
> **3**　在与中央计算机系统或车站计算机系统通信中断时，应能在离线模式下工作，保存数据的时间应满足设计要求，在通信恢复正常后，应能自动上传未传送的数据；
>
> **4**　应具有引导乘客充值和验票的操作提示功能，人机操作界面显示的信息宜具有中英文选择功能，默认语言应为中文；
>
> **5**　应能生成交易记录供车站计算机汇总分析；
>
> **6**　应能提供与车站计算机的通信交互功能；
>
> **7**　应具有与车站计算机系统的时间同步功能且应满足设计要求。
>
> 检验数量：全部检查。
>
> 检验方法：用自动充值机进行自助充值测试检查。
>
> **8.5.3**　自动充值机、自动验票机应能通过乘客显示器显示所验车票的车票号、票内余额、有效期、卡状态以及不少于最

近十次消费交易信息。

检验数量：全部检查。

检验方法：用自动充值机、自动验票机进行验票测试检查。

8.5.4 对无效车票进行充值时应拒绝充值，并应有相应的提示。

检验数量：全部检查。

检验方法：用无效车票进行充值测试检查。

8.5.5 自动充值机纸币接收模块功能应符合下列规定：

1 可接受纸币的种类应能通过调整参数进行设置；

2 可接受纸币种类的数量应满足设计要求；

3 纸币真币检测准确率和假币拒绝率应满足设计要求，无法识别的纸币应做退币处理；

4 纸币鉴伪识别方式应满足设计要求；

5 应具有纸币暂存功能，纸币暂存器容量应满足设计要求；

6 当自动充值机暂停接收纸币、暂停服务或关闭时，投币口应关闭；

7 应具有实时监测存款钱箱安装到位功能；

8 应实时监测存款钱箱的状态；

9 存款钱箱的容量应满足设计要求。

检验数量：按纸币接收模块的种类，每种检查一台。

检验方法：对照纸币接收模块的功能设计要求逐项测试检查。

8.5.6 在进行验票或充值操作时，若不按规定操作，设备应有提示，提示内容应满足设计要求。

检验数量：全部检查。

检验方法：进行非正常操作测试检查。

8.5.7 自动充值机开门时应进行安全识别检测，应具有输入身份识别码和操作密码的时间限制，并应有超时报警，输入的身份识别码和登录时间应实时上传至车站计算机系统。

检验数量：全部检查。

检验方法：进行开门及身份识别码和密码测试检查。

8.5.8 装卸钱箱时应通过身份密码指令验证，同时应记录相应信息，并应实时上传车站计算机系统。

检验数量：全部检查。

检验方法：进行装卸钱箱测试检查。

8.5.9 便携式验票机应能通过显示器显示车票的车票类型、车票号、票内余额、有效期、卡状态等信息。

检验数量：全部检查。

检验方法：进行读票测试检查。

8.5.10 自动充值机、自动验票机所有金属外壳或机体应可靠接地，其保护接地导体和保护连接导体应符合现行国家标准《信息技术设备　安全　第1部分：通用要求》GB 4943.1 的规定。

检验数量：全部检查。

检验方法：观察检查。

Ⅱ　一 般 项 目

8.5.11 自动充值机、自动验票机的非金属部分材质应具备阻燃性，并应无毒、无卤。

检验数量：全部检查。

检验方法：观察检查。

8.5.12 自动充值机、自动验票机、便携式验票机上安装的读写机具的功能与性能应满足设计要求。

检验数量：全部检查。

检验方法：观察检查。

实施建议：

1. 施工单位：

（1）做好测试计划，按《标准》“8.5　自动充值机、自动验票机、便携式验票机”的要求全部进行检查并做好检查记录，测试和参检人员应签字确认。

（2）对于支持“互联网 +AFC”的自动充值机、自动验票机，其相关功能可支持离线模式验证，需按设计文件进行自查，并做好施工记录。

2. 监理单位：

（1）按《标准》“8.5　自动充值机、自动验票机、便携式验票机”逐项全部进行检查，做好施工记录，监理见证试验，并做好监理记录。

（2）要求施工单位对“互联网 +AFC”自动充值机、自动验票机的功能进行检查测试，做好测试记录，监理见证试验，合格后签字确认，并做好监理记录。

举例：

参见前文 7.4.1 中“自动检票机”单机测试“举例”的内容。

第八章　车站计算机系统

第一节　一 般 规 定

8.1.1 《标准》引用

9.1　一 般 规 定
9.1.1　车站计算机系统局域网应连通。
9.1.2　车站计算机系统与中央计算机系统间应能双向通信。

实施建议：

1. 施工单位：按《标准》“9.1　一般规定”的要求全部进行检查并做好检查记录，测试和参检人员应签字确认。

2. 监理单位：《标准》“9.1　一般规定”的检验数量须全部检查，监理工程师应配合施工单位按设计要求和《标准》“9.1　一般规定”的要求逐项检查，并做好记录，合格则双方签字确认。

第二节　车站计算机系统局域网

8.2.1 《标准》引用

9.2　车站计算机系统局域网
Ⅰ　主 控 项 目
9.2.1　车站计算机系统网络设备的性能应满足设计要求。 检验数量：全部检查。 检验方法：用网络分析仪进行测量检查。
9.2.2　车站计算机系统局域网的网络容量、带宽、延时、丢

包率、流量控制性能应满足设计要求。 检验数量：全部检查。 检验方法：用网络分析仪进行测量检查。

实施建议：

1. 施工单位：按《标准》“9.2 车站计算机系统局域网 Ⅰ 主控项目”的要求全部进行检查并做好检查记录，测试和参检人员应签字确认。

2. 监理单位：按《标准》“9.2 车站计算机系统局域网 Ⅰ 主控项目”的检验方法逐项检查，并做好记录，合格则双方签字确认。所使用的网络分析仪应有合格证书。

举例：

______工程______车站计算机系统测试

在终端设备通过现场单机检验后，将与车站计算机系统进行连接测试。

1. 测试目的：检验车站计算机系统（包括硬件设备、网络、应用软件等）的关键功能，尤其要测试在实际环境下与售检票终端设备的接口。

2. 测试项目：《标准》“9.2 车站计算机系统局域网 Ⅰ 主控项目”的检验数量须全部检查。

3. 测试准备：完成车站计算机系统相关软硬件设备的货物静态检验、安装。完成车站计算机系统应用软件的安装和初始参数、数据的配置。

4. 被检设备：车站计算机、应用软件、网络设备、主备电源自动切换、UPS 等。

5. 测试地点：车站现场。

6. 测试时间：完成车站终端设备（单机）独立测试后。

7. 参加人员：业主代表、监理代表、总承包系统测试组、施工安装组。

8. 测试结果处理：当发现硬件设备不合格时，总承包和分包单位应对该设备进行免费维修或更换。当发生应用软件不合格时，总承包或分包单位应立即进行软件缺陷修复，同时提供替代方案，以使后续测试能够继续。

9. 测试报告：按《标准》“9.2 车站计算机系统局域网 Ⅰ 主控项目”的要求全部进行检查，经业主和监理工程师确认，总承包对通过测试的车站计算机系统出具现场测试合格报告，并提供测试合格报告给业主和监理工程师。

8.2.2 《标准》引用

> Ⅱ 一 般 项 目
>
> **9.2.3** 车站计算机系统局域网应具有网络冗余功能。
>
> 检验数量：全部检查。
>
> 检验方法：用模拟网络故障来测试检查网络的冗余性。

实施建议：

1. 施工单位：按《标准》“9.2 车站计算机系统局域网 Ⅱ 一般项目”的要求进行检查并做好检查记录。

2. 监理单位：监理工程师按《标准》“9.2 车站计算机系统局域网 Ⅱ 一般项目”的检验方法进行检查，并做好记录，双方签字确认。

第三节 车站计算机系统基本功能检测

8.3.1 《标准》引用

> **9.3 车站计算机系统基本功能检测**
>
> Ⅰ 主 控 项 目
>
> **9.3.1** 车站计算机系统与本车站所有终端设备间应能双向通信。

检验数量：全部检查。

检验方法：通过车站计算机进行测试检查。

9.3.2 车站计算机系统对车站终端设备的监控功能应符合下列规定：

1 显示的车站终端设备布置、编号、数量、种类应与实际一致，且应显示付费区和非付费区标识；

2 应能监视车站设备的运行状态，当设备运行状态出现变化或异常时，系统应有声光信号提示，并应能用不同颜色来区分事件或故障类别，且应记录形成报表；

3 在系统、网络、设备等状态发生变化后，应能自动接收其状态数据，且具有声光信号告警功能；

4 应能查询车站设备的状态数据；

5 应能保存所有接收的设备状态数据。

检验数量：全部检查。

检验方法：通过车站计算机进行监控功能的测试检查。

9.3.3 车站计算机系统下达运行控制命令的功能应符合下列规定：

1 应可选择控制单台、一组、一类或车站全部设备的运行模式，包括正常服务、关闭、暂停服务模式；

2 应可选择控制双向自动检票机的单向进、单向出和双向通行模式；

3 应能查询车站设备状态、寄存器数据和参数管理信息；

4 应能触发设备的各类数据上传。

检验数量：全部检查。

检验方法：通过车站计算机进行控制功能的测试检查。

9.3.4 车站计算机系统应能设置本车站的运营模式，运营模式的响应时间应满足设计要求。

检验数量：全部检查。

检验方法：通过车站计算机进行运营模式设置的测试检查。

9.3.5 车站计算机系统的参数管理功能应符合下列规定：

1 应能查询车站计算机系统及车站终端设备使用的各类参数版本和生效时间，查询响应时间应满足设计要求；

2 应具有参数同步功能。

检验数量：全部检查。

检验方法：通过车站计算机进行参数管理功能的测试检查。

9.3.6 车站计算机系统及车站终端设备软件管理功能应符合下列规定：

1 应能查询车站计算机系统及车站终端设备当前使用的软件版本，查询响应时间应满足设计要求；

2 软件下发功能应满足设计要求。

检验数量：全部检查。

检验方法：进行设备软件管理功能的测试检查。

9.3.7 客流统计功能应满足设计要求。

检验数量：全部检查。

检验方法：进行实际购票，并在走票后进行实时客流统计测试检查。

9.3.8 日终处理和运营报表功能应符合下列规定：

1 操作界面上应能实时显示日终处理的状态；

2 日终处理的报表功能和处理时效性应满足设计要求；

3 应能查询以往运营日的日终处理情况，查询响应时间应满足设计要求；

4 应能自动生成并打印各种运营报表；

5 运营报表的种类应满足设计要求；

6 运营报表应与实际一致；

7 报表查询的响应时间应满足设计要求。

检验数量：全部检查。

检验方法：进行日终处理和运营报表测试检查。

9.3.9 车站计算机系统后台处理功能应符合下列规定：

1 应能实时采集并上传交易、寄存器、事件和状态数据；

2 应能实时将各种参数接收、保存并下发到终端设备；

3 应具有数据采集的实时性；

4 系统的单日客流处理能力和高峰客流处理能力应满足设计要求；

5 系统保存交易数据的时间应满足设计要求；

6 当车站计算机系统处理各类数据时，应进行完整性、合法性、正确性检查；

7 应有数据归档、数据备份和系统清理功能；

8 应有文件和数据库数据定时清理功能。

检验数量：全部检查。

检验方法：进行系统后台处理测试检查。

9.3.10 当车站计算机系统与中央计算机系统通信中断时，应能在离线模式下工作，离线数据的保存时间应满足设计要求。在通信恢复正常后，应能自动上传未上传的数据。当车站计算机系统与车站终端设备、中央计算机系统通信中断时，车站工作站应能提供离线方式下的数据导入导出功能。

检验数量：全部检查。

检验方法：进行模拟通信中断测试检查。

9.3.11 车站计算机系统时间同步功能应符合下列规定：

1 车站计算机系统的时间应能与中央计算机系统的时间同步；

2 车站计算机系统应能在规定的时间同步间隔或启动时与中央计算机系统进行时间同步；

3 车站计算机系统应能在规定的时间同步间隔或启动时向车站设备下发时间同步指令；

4 车站计算机系统应能为车站终端设备、车站工作站时间同步提供时钟源。

检验数量：全部检查。

检验方法：进行系统时间同步功能测试检查。

9.3.12 车站计算机系统的收益管理功能应符合下列规定：

1 应有半自动售票机、自动售票机和自动充值机收益现金结算功能；

2 应有车站备用金管理功能；

3 应能上传现金收益数据；

4 应能生成收益报表。

检验数量：全部检查。

检验方法：进行收益管理功能测试检查。

9.3.13 车站计算机系统的票务管理功能应符合下列规定：

1 应有与中央计算机系统或票务清分系统之间的票卡调拨功能；

2 应有车站内部的配票功能；

3 应有车站库存统计、盘点功能；

4 应能生成各类库存报表。

检验数量：全部检查。

检验方法：进行票务管理功能的测试检查。

9.3.14 车站计算机系统的日志管理功能应符合下列规定：

1 车站计算机系统的操作日志应包括用户登录注销、参数下发、设备运行控制命令、模式下发；

2 车站计算机系统所有软件应记录软件运行日志；

3 应有日志查询功能；

4 日志的保存时间应满足设计要求；

5 在日志有效保存时间内，日志数据不能被修改。

检验数量：全部检查。

检验方法：进行日志功能测试检查。

实施建议：

1. 施工单位：做好系统功能检测计划和准备工作，按《标准》“9.3　车站计算机系统基本功能检测　Ⅰ　主控项目”的要求逐项检查，检验数量须全部检查。

2. 监理单位：应配合施工单位按设计要求和《标准》第9.3.1条～第9.3.14条的检验方法逐项检查，并做好记录，合格则双方签字确认。

举例：

______工程______站AFC系统功能检测

1. 线路系统内部循环测试。

（1）各个车站计算机系统测试。

（2）各个车站计算机系统与中央计算机系统之间的联调。

（3）线路系统内部循环测试包括：本系统内部循环测试，跨线路换乘联试和与外部系统接口调试测试。

1）完成单机及车站计算机系统测试的车站，可进入本系统内部循环测试阶段。同时可进行其他车站的设备安装和车站计算机系统软硬件的安装。全部安装结束后，全部进入本系统内部循环测试阶段。本阶段将在本系统内部联网的情况下，对车站和设备的主要功能进行至少一次的检查，并查看相应的车站计算机系统数据和中央计算机系统数据是否准确，操作命令是否能正常执行，参数下载是否正常等。

2）在本测试中，所有未参与测试的车站（含车站终端）将进行以车站为基本单位的功能检查和跨车站的测试。这些针对单个车站的测试可以并行进行。对每个车站的检查测试也必须进行书面记录并签字。

3）本测试的测试案例并不覆盖系统的全部功能，而以车站和终端设备的核心功能检查为主。

2. 跨线路换乘测试（联合走票测试）。

（1）跨线路测试用于检查系统对车票发售、进出站、异常车票处理或更新是否满足系统设计要求，及与清分系统之间的接口在跨线路换乘的情况下数据处理是否正确。该项测试必须在中央计算机系统与车站计算机系统通过测试后进行。测试前同样需要预先进行环境清理和配置参数检查，并确认好其他线路车站的终端设备与车站计算机系统。

（2）由于在进行测试时已测试了系统的绝大部分功能，因此跨车站测试可不再进行完整的功能测试，只测试跨线路交易部分。

（3）在进行跨线路测试前要确认，清分参数已包含了所测试的所有线路和车站。跨线路测试要做好分票工作，并覆盖主要的交易类型。

（4）跨线路测试活动结束后，要进行清分数据、中央数据、车站数据的核对。确保各节点交易数据的准确性和完整性。

（5）测试结果须由测试人员书面记录并签字。

3．AFC 系统与外部系统接口测试。

（1）在完成上述测试后，开始本项测试。

（2）本项测试将再次检验在全系统完整集成后，本系统与外部系统接口的正确性。

（3）对控制中心中央计算机系统、各车站计算机系统、售检票终端设备、外部系统进行联调，验证全线 AFC 系统设备间的相互联接、控制以及与外部系统之间的接口是否满足要求。

（4）对所有车站和设备的主要功能进行至少一次检查，并查看相应的车站计算机系统数据和中央计算机系统数据是否准确，操作命令是否能正常执行，参数下载是否正常等。

（5）本测试的测试案例并不覆盖系统的全部功能，而以车站和终端设备的核心功能检查为主。

8.3.2 《标准》引用

> Ⅱ 一般项目
>
> **9.3.15** 车站计算机系统应具有用户及权限管理功能。
>
> 检验数量：全部检查。
>
> 检验方法：进行用户及权限管理功能的测试检查。

实施建议：

1. 施工单位：按《标准》“9.3 车站计算机系统基本功能检测 Ⅱ 一般项目”的要求进行检查并记录。

2. 监理单位：监理工程师按《标准》“9.3 车站计算机系统基本功能检测 Ⅱ 一般项目”的检验方法进行检查，合格则双方签字确认。

第四节 紧急按钮检测

8.4.1 《标准》引用

> **9.4 紧急按钮检测**
>
> Ⅰ 主控项目
>
> **9.4.1** 紧急按钮按下时，应能向车站设备发出紧急放行命令，并应在车站计算机和中央计算机上显示。
>
> 检验数量：全部检查。
>
> 检验方法：进行紧急按钮按下测试检查。
>
> **9.4.2** 紧急按钮恢复后，所有车站设备应能自动恢复正常运行，车站计算机和中央计算机应记录紧急按钮恢复状态。
>
> 检验数量：全部检查。
>
> 检验方法：进行紧急按钮恢复测试检查。

Ⅱ　一 般 项 目

9.4.3　紧急按钮的安装位置应满足设计要求。

检验数量：全部检查。

检验方法：观察检查。

实施建议：

1. 施工单位：在安装完成后可进行自检，合格后和监理再进行紧急按钮的功能试验。

2. 质量监理：要求施工单位按《标准》“9.4　紧急按钮检测　Ⅰ　主控项目和Ⅱ　一般项目”的要求逐项检验，检验数量为全部检查，如表 1-8-1 所示，并做好记录，监理见证试验。

举例：

表 1-8-1　______工程______站紧急模式及紧急按钮测试表

测试项目	设备号	测试结果	设备号	测试结果	设备号	测试结果
紧急模式	G01		B01		V01	
	G02		B02		V02	
	G03		B03		V03	
	…					
紧急按钮	G01		B01		V01	
	G02		B02		V02	
	G03		B03		V03	

测试人员：______

测试时间：______

第九章　中央计算机系统

第一节　一般规定

9.1.1 《标准》引用

> **10.1　一般规定**
>
> **10.1.1**　中央计算机系统局域网应连通。
>
> **10.1.2**　中央计算机系统与车站计算机系统间应能双向通信。

实施建议：

1. 施工单位：按《标准》“10.1　一般规定”的要求进行检查并做好检查记录，测试和参检人员应签字确认。

2. 监理单位：监理工程师按《标准》“10.1　一般规定”的要求进行检查，并做好记录，合格则双方签字确认。

第二节　中央计算机系统局域网

9.2.1 《标准》引用

> **10.2　中央计算机系统局域网**
>
> Ⅰ　主控项目
>
> **10.2.1**　中央计算机系统网络设备的性能应满足设计要求。
>
> 检验数量：全部检查。
>
> 检验方法：用网络分析仪进行测量检查。
>
> **10.2.2**　中央计算机系统的网络容量、带宽、延时、丢包率、流量控制性能应满足设计要求。

检验数量：全部检查。

检验方法：用网络分析仪进行测量检查。

Ⅱ 一般项目

10.2.3 中央计算机系统局域网应具有网络冗余功能。

检验数量：全部检查。

检验方法：用模拟网络故障来测试检查网络的冗余性。

实施建议：

1. 施工单位：按《标准》“10.2 中央计算机系统局域网”进行检查时必须通知监理工程师，做好检测记录。

2. 监理单位：监理工程师按《标准》“10.2 中央计算机系统局域网 Ⅰ 主控项目和Ⅱ 一般项目”的要求全部检查，并做好记录，合格则双方签字确认。

举例：

______工程中央计算机系统局域网检测

车站内部首先进行集成测试，保证车站设备、车站计算机系统等功能和性能达到设计要求。测试要求覆盖所有的车站系统和单体设备：

1. 车站计算机系统。
2. 自动检票机。
3. 半自动售票机。
4. 自动售票机。
5. 自动充值机。
6. 自动验票机。
7. 便携式验票机。

测试活动过程，监理工程师必须参加，并做好记录。

第三节　中央计算机系统基本功能检测

9.3.1 《标准》引用

> **10.3　中央计算机系统基本功能检测**
>
> Ⅰ　主控项目
>
> **10.3.1**　中央计算机系统应能监控车站计算机系统的运行状态及运营模式，并应符合下列规定：
>
> **1**　监视显示屏上显示的线路车站图应正确，应实时显示各车站系统当前的运行模式；
>
> **2**　监视显示屏上应显示车站设备布局图，应实时显示受监测设备的运行状态；
>
> **3**　车站的运营模式设置类型应满足设计要求；
>
> **4**　应能实时设置车站运营模式，实时性响应时间应满足设计要求。
>
> 检验数量：全部检查。
>
> 检验方法：进行运行模式监控测试检查。
>
> **10.3.2**　中央计算机系统的参数管理功能应符合下列规定：
>
> **1**　应能查询各类参数的版本；
>
> **2**　应能编辑各类线路参数的草稿版本；
>
> **3**　应能向指定车站同步各类参数；
>
> **4**　应能实时查询参数版本，响应时间应满足设计要求；
>
> **5**　交易发送的时间间隔和数量上限应按参数定义执行；
>
> **6**　寄存器数据发送应按参数定义发送时间间隔执行。
>
> 检验数量：全部检查。
>
> 检验方法：进行参数管理功能的测试检查。
>
> **10.3.3**　中央计算机系统的设备软件管理功能应符合下列规定：
>
> **1**　应能对终端设备软件包进行版本管理；

2　应能查询设备当前使用的软件版本号；

3　应能将系统中保存的终端设备软件包发送给指定车站、设备；

4　软件版本查询的实时性、响应时间应满足设计要求；

5　下发软件功能应正常，并应满足要求。

检验数量：全部检查。

检验方法：进行设备软件管理功能测试检查。

10.3.4　中央计算机系统客流统计的实时性应满足设计要求。

检验数量：全部检查。

检验方法：进行实时客流统计的测试检查。

10.3.5　中央计算机系统的日终处理、运营报表和交易数据查询功能应符合下列规定：

1　操作界面上应能实时显示日终处理的状态；

2　日终处理的时效性应满足设计要求；

3　应能按设计要求查询以往运营日的日终处理情况；

4　应能按票务清分系统约定的交易发送核对机制核对交易数据的一致性；

5　成功完成日终处理后，应自动生成并可打印各种运营报表，且运营报表的种类应满足设计要求；

6　运营报表应与实际运营数据一致；

7　报表查询的实时性应满足设计要求；

8　交易数据查询响应时间应满足设计要求。

检验数量：全部检查。

检验方法：进行日终处理、运营报表和交易数据查询测试检查。

10.3.6　中央计算机系统的后台处理功能应符合下列规定：

1　系统应能及时采集并上传交易、寄存器、事件和状态数据；

2　系统应能实时接收、保存各种参数，并应能下发到车站计算机系统；

3　中央计算机系统应能接收票务清分系统下发的参数；

4　当中央计算机系统向车站计算机系统下发参数时，参数下发完成时间应满足设计要求；

5　系统的单日客流处理能力和高峰客流处理能力应满足设计要求；

6　系统能保存交易数据的时间应满足设计要求；

7　系统日志文档应满足设计要求。

检验数量：全部检查。

检验方法：进行系统后台处理测试检查。

10.3.7　中央计算机系统应具有与票务清分系统或标准时间源同步的功能。

检验数量：全部检查。

检验方法：进行时间同步功能测试检查。

10.3.8　中央计算机系统的车票管理功能应符合下列规定：

1　应有车票动态库存管理功能；

2　应有车票查询、统计功能；

3　应能监控车票编码分拣设备的运行情况。

检验数量：全部检查。

检验方法：进行车票管理功能的测试检查。

10.3.9　应急票发售和缴销功能应符合下列规定：

1　应急票的预赋值发行应满足设计要求；

2　应急票的缴销应满足设计要求；

3　预赋值、出售和缴销信息记录应能生成查询和统计报表。

检验数量：全部检查。

检验方法：进行应急票发售和缴销功能的模拟测试检查。

10.3.10 中央计算机系统的维修管理功能应符合下列规定：

1 应具备故障监控功能；

2 应具备部件管理功能；

3 应具备维护统计功能。

检验数量：全部检查。

检验方法：进行中央计算机系统维修管理功能测试检查。

Ⅱ 一 般 项 目

10.3.11 中央计算机系统应具有用户及其权限管理功能。

检验数量：全部检查。

检验方法：进行用户及权限管理功能的测试检查。

10.3.12 中央计算机系统编码分拣机的功能应符合下列规定：

1 应具备车票初始化功能；

2 应具备车票赋值和预赋值功能；

3 应具备车票的注销和更新功能；

4 应具备车票分拣功能；

5 应具备授权认证管理功能；

6 应具备从中央计算机系统下载参数信息功能；

7 应具备向中央计算机系统上传数据信息功能。

检验数量：全部检查。

检验方法：进行编码分拣机系统的功能测试检查。

实施建议：

1. 施工单位：首先编制系统功能检测方案，按《标准》“10.3 中央计算机系统基本功能检测 Ⅰ 主控项目和Ⅱ 一般项目”进行检查时必须通知监理工程师，做好检测记录。

2. 监理单位：监理工程师应配合施工单位按设计要求和《标准》“10.3 中央计算机系统基本功能检测 Ⅰ 主控项目和Ⅱ 一般项目”的各项检验方法和检验数量逐项全部检查，并做好记录，合格则双方签字确认。

举例：

______工程 AFC 系统功能检测

1. 新线路车站之间走票测试的准备工作：

（1）配置各个车站车站计算机系统的 IP 地址，并将新车站物理上连接到目前__号线中央系统的通信网络。

（2）在物理接入前，由所在线路中央分配正式的 IP 地址，如表 1-9-1 所示。

表 1-9-1　IP 地址分配表

站　名	IP 地址（车站计算机）	备　注
____路站	______.______.______.______	
____路站	______.______.______.______	
____路站	______.______.______.______	
____路站	______.______.______.______	

（3）线路中央参数下发，由所在线路中央计算机系统将______________参数下发给____车站。

（4）清分中心参数准备。向清分中心提交新车站接入申请，在清分中心编辑参数______________，加入____个新车站，形成新的参数版本。

（5）清分中心参数下发。清分中心参数下发给所在线路中央系统，____号线中央将______________参数新版本下发到____个新车站，在这____个车站之间进行走票测试。测试使用特殊类型的测试车票，不参与清分和报表生成，可以在清分中心将收到的这些特殊测试车票的交易数据剔除。原有车站收到清分参数后，会在半自动售票机界面显示出这____个新车站，需要通知半自动售票机操作员不要选择这____个尚未上线的车站。

（6）完成以上测试后，表明清分参数的新版本可以正常使用。

（7）向清分中心申请，提前 n 天，向各线路下发包含新增车站的参数，如表 1–9–2 所示。

表 1–9–2　各线路车站的参数表

线　路	参数版本抽查的车站	结　果
___号线	______站	
___号线	______站	
___号线	______站	
…		

2．车站之间进行走票测试：确保这些车站之间可以正常售票、进站和出站，并且在线路中央系统收到各车站计算机系统上传数据，能形成正确的报表。

第十章　票务清分系统

第一节　一 般 规 定

10.1.1 《标准》引用

11.1　一 般 规 定
11.1.1　票务清分系统计算机局域网应连通。
11.1.2　票务清分系统与中央计算机系统间应能双向通信。

实施建议：

1. 施工单位：按《标准》“11.1　一般规定”的要求进行检查时必须通知监理工程师，并做好检查记录。

2. 监理单位：

（1）按《标准》“11.1　一般规定”的要求检查，监理工程师应配合施工单位按设计要求逐项检查，并做好记录，合格则双方签字确认。

（2）如已实现多元化支付方式且由清分系统统一进行清分，应对清分系统与多元化支付平台系统间双向通信进行检查。

第二节　票务清分系统计算机局域网

10.2.1 《标准》引用

11.2　票务清分系统计算机局域网
Ⅰ　主 控 项 目
11.2.1　票务清分系统网络设备的性能应满足设计要求。 检验数量：全部检查。

检验方法：用网络分析仪进行测量检查。

11.2.2 票务清分系统的网络系统容量、带宽、延时、丢包率、流量控制性能应满足设计要求。

检验数量：全部检查。

检验方法：用网络分析仪进行测量检查。

11.2.3 票务清分系统局域网与外网的隔离应满足设计要求。

检验数量：全部检查。

检验方法：检查外网连接点和网络配置方法。

Ⅱ 一 般 项 目

11.2.4 票务清分系统局域网应具有网络冗余功能。

检验数量：全部检查。

检验方法：用模拟网络故障来测试检查网络的冗余性。

实施建议：

1. 施工单位：按《标准》“11.2 票务清分系统计算机局域网 Ⅰ 主控项目”逐条进行检查，做好检查记录，并必须通知监理工程师，做好检测记录。

2. 监理单位：

（1）监理工程师应配合施工单位按设计要求和《标准》“11.2 票务清分系统计算机局域网 Ⅰ 主控项目”的检验方法逐项检查，检验数量须全部检查，并做好记录，合格则双方签字确认。

（2）按《标准》“11.2 票务清分系统计算机局域网 Ⅰ 主控项目”进行检查结果抽验，对于《标准》第11.2.4条，根据实际情况要求施工单位进行测试。

（3）如已实现多元化支付方式且由清分系统统一进行清分，应对清分系统与多元化支付平台系统间双向通信进行检查。

第三节　票务清分系统基本功能检测

10.3.1 《标准》引用

> **11.3　票务清分系统基本功能检测**
>
> Ⅰ　主控项目
>
> **11.3.1**　票务清分系统的清分管理功能应符合下列规定：
>
> **1**　应具备交易数据处理功能；
>
> **2**　应具备交易数据合法性验证功能；
>
> **3**　应具备交易对账功能；
>
> **4**　应具备交易清分功能；
>
> **5**　应具备票务清分规则管理功能；
>
> **6**　应具备押金管理功能；
>
> **7**　应具备日结功能；
>
> **8**　应具备查询功能，并应具有生成日、周、旬、月、季度、年度报表功能。
>
> 检验数量：全部检查。
>
> 检验方法：按票务清分管理功能逐项测试检查。
>
> **11.3.2**　票务清分系统的票务管理功能应符合下列规定：
>
> **1**　应具备票卡业务管理功能，包括票卡的初始化、编码发行、预赋值、退款、替换、挂失、注销功能；
>
> **2**　应具备票卡跟踪管理功能；
>
> **3**　应具备票卡库存管理和调配管理功能；
>
> **4**　应具备黑名单管理功能。
>
> 检验数量：全部检查。
>
> 检验方法：按票务管理功能逐项测试检查。
>
> **11.3.3**　票务清分系统的运营管理功能应符合下列规定：
>
> **1**　应具备票务清分参数管理、票价参数管理、黑名单参数

管理功能；

2 应具备运营模式管理功能；

3 应具备客流监控功能；

4 单日客流处理能力、高峰客流处理能力和报表查询功能应满足系统设计要求；

5 应具备系统用户管理功能。

检验数量：全部检查。

检验方法：按运营管理功能逐项测试检查。

11.3.4 票务清分系统的安全密钥管理功能应符合下列规定：

1 应具备密钥的生成、发散、导出和导入功能；

2 应具备 SAM 管理功能；

3 应具备安全认证功能。

检验数量：全部检查。

检验方法：按运营管理功能逐项测试检查。

11.3.5 票务清分系统的系统管理功能应符合下列规定：

1 应具备数据管理功能；

2 应具备系统监控功能；

3 应具备数据备份功能；

4 应具备外部数据导出和导入功能；

5 应具备维护管理功能；

6 应具备运营日志管理功能；

7 应具备时间同步功能；

8 应具备网络管理功能；

9 应具备软件版本管理功能；

10 存储容量应满足系统设计要求；

11 应具备数据归档和备份功能；

12 应具备系统数据恢复功能；

13 应具备系统日志管理功能。

检验数量：全部检查。

检验方法：按系统管理功能逐项测试检查。

11.3.6 票务清分系统应具有与其他清算系统的数据交换和对账功能。

检验数量：全部检查。

检验方法：与其他清算系统的数据交换和清算功能测试检查。

11.3.7 票务清分系统应具备与标准时间源的时间同步功能。

检验数量：全部检查。

检验方法：观察检查。

11.3.8 票务清分系统应具备接入新线路、新车站的功能，且应符合下列规定：

1 应具备调整系统票价参数功能；

2 应具备调整系统票务清分规则功能；

3 应具备接入测试功能；

4 应具备接入切换功能。

检验数量：全部检查。

检验方法：用模拟数据逐项测试检查。

Ⅱ 一 般 项 目

11.3.9 票务清分系统应具有用户及其权限管理功能。

检验数量：全部检查。

检验方法：进行用户及权限管理功能测试检查。

11.3.10 票务清分系统编码分拣机的功能应符合下列规定：

1 应具备车票初始化功能；

2 应具备车票编码功能；

3 应具备车票预付值功能；

4 应具备车票分拣功能；

5 应具备车票的更新和注销功能；

6　应具备授权认证管理功能；

7　应具备从票务清分系统下载参数信息功能；

8　应具备向票务清分系统上传数据信息功能。

检验数量：全部检查。

检验方法：对照功能要求逐项测试检查。

实施建议：

1. 施工单位：首先编制票务清分系统功能检测方案；按《标准》“11.3　票务清分系统基本功能检测　Ⅰ　主控项目和Ⅱ　一般项目”逐条进行检查，并必须通知监理工程师，做好检测记录。

2. 监理单位：

（1）监理应配合施工单位按设计要求和《标准》“11.3　票务清分系统基本功能检测　Ⅰ　主控项目和Ⅱ　一般项目”的检验方法逐项检查，并做好记录，合格则双方签字确认。

（2）组织运营单位有关人员参加测试活动。按《标准》“11.3　票务清分系统基本功能检测　Ⅰ　主控项目和Ⅱ　一般项目”进行检查结果抽验。

举例：

______票务清分系统功能检测

1. 清分规则功能检测：

（1）清分级参数管理。

确认票务清分系统安装后清分参数数据，系统应有参数版本标识。检查系统对清分级参数信息做版本控制功能，新增一个版本标识，检查系统对各输入项有效性检查功能是否完善，如线路编号为空、线路中文名称为空、英文名称为空、线路名称长度超过规定范围等，通过界面检查清分参数编辑结果。

（2）清分比例计算及调整。

进入清分比例计算界面，选择清分规则算法，执行清分比例计算。计算完成后，检查计算结果，包括收益方清分比例、换乘站换乘比例、线路客流比例。结合人工修正系统调整清分比例表，根据路网实际客流出行情况，人工调整清分比例后重新计算清分比例，结算完成后检查结果。

（3）路网参数验证。

对清分系统涉及费率、换乘等所有路网参数进行准确性验证。

（4）换乘规则计算及调整。

编辑换乘对应参数表，通过换乘路径示意图，选定入站车站和出站车站，检查路径计算结果。

（5）参数下发。

进入参数管理界面，选定参数类型（车站/线路参数、节日表、车票类型、费率表、区域表、换乘站映射关系表等），执行参数下发，检查参数下发结果。

2．交易清分功能检测：

（1）发售收益统计。

接收线路中央上传的交易明细数据，启动清分处理，使用结果查看工具（或控制台）查看清分处理结果及清分日志，核对输出结果。检查发售收益统计结果，核对车站售票、充值统计信息汇总值、检查异常数据统计、检查票卡动态库存监控信息、检查设备与SAM卡实际对应关系。

（2）运营收益统计。

接收线路中央上传的交易明细数据，启动清分处理，使用结果查看工具（或控制台）查看清分处理结果及清分日志，核对输出结果。检查运营收益统计结果，核对收益统计（线路应收款统计），核对OD客流统计。

3．联机交易功能检测（清分系统包括如下功能时进行检查）：

（1）储值卡充值授权。

票务清分系统与储值卡充值设备通信连接状态正常，检查清分系统根据授权额度来处理储值卡充值授权申请。

（2）二维码售票授权。

票务清分系统与二维码售票设备通信连接状态正常，检查清分系统接收二维码售票设备请求，处理单程票发售授权申请。

4. 日终处理功能检测：

（1）结算日切换。

设置系统为人工日切模式，人工启动日切，检查日切结果，清分结算日前进一天，使用接收线路上传的原始数据核对对账结果。

（2）日终批处理。

启动日终批处理，系统完成批处理后，核对报表数量，检查每张报表统计结果是否与原始数据相符。要求报表齐全无遗漏，报表内容准确。

5. 对账、清算结果功能检测：

（1）与线路对账。

选择运营日期，检查日终线路对账数据生成结果，核对日报。发送日终对账结果数据至线路中央，检查发送日志。

（2）与其他相关清算系统对账（城市一卡通系统、多元化支付平台等）。

接收其他外部清算系统对账数据，查询比对数据，进行数据轧差。检查数据统计准确，没有遗漏和错项。

（3）结算。

选择运营日期，查看系统计算的结算结果，检查清分与外部系统的应收统计、应付统计、应收手续费、应付手续费、应收应付轧差值。

6. 票务清分中心编码分拣机系统功能检测：

（1）工作任务请求。

编码分拣机接收票务清分系统编辑的工作任务，包括车票初始化、发行、发售预赋值票、车票重编码、车票分拣等，检查任务接收应答，检查编码分拣机任务执行状态。

（2）状态报告。

票务清分系统查询编码分拣机运行状态，检查返回的状态信息与实际运行状态是否一致。

（3）任务报告。

根据编码分拣机反馈的任务报告，检查返回的任务报告的任务执行结果与实际生产票卡是否一致。

第四节　容灾备份系统基本功能检测

10.4.1 《标准》引用

> **11.4　容灾备份系统基本功能检测**
>
> Ⅰ　主 控 项 目
>
> **11.4.1**　容灾计算机系统应能与票务清分系统通信，容灾计算机系统局域网应连通。
>
> 检验数量：全部检查。
>
> 检验方法：用计算机在与容灾系统计算机局域网连接的网络设备上进行测试检查。
>
> **11.4.2**　容灾备份功能应符合下列规定：
>
> **1**　当票务清分系统的数据失效时，应能启动容灾计算机系统的备用数据；
>
> **2**　当票务清分系统的应用失效时，应能启动容灾计算机系统的备份应用系统。
>
> 检验数量：全部检查。
>
> 检验方法：逐项对容灾备份功能进行测试检查。
>
> **11.4.3**　数据备份和恢复功能应符合下列规定：
>
> **1**　票务清分系统应能根据备份策略进行本地数据备份；
>
> **2**　容灾计算机系统应能实现对票务清分系统数据的备份；

3　当票务清分系统需恢复时，应能从本地备份数据或容灾计算机系统获取备份数据恢复至上次备份时的状态；

4　备份原则应能根据不同数据特征制定；

5　应能对备份数据的正确性和完整性进行检验。

检验数量：全部检查。

检验方法：对数据备份和恢复功能进行测试检查。

Ⅱ　一 般 项 目

11.4.4　容灾备份系统应具有用户及其权限管理功能。

检验数量：全部检查。

检验方法：进行用户及权限管理功能测试检查。

实施建议：

1. 施工单位：首先编制容灾备份系统基本功能检测方案；按《标准》“11.4　容灾备份系统基本功能检测　Ⅰ　主控项目和Ⅱ　一般项目”进行检查时，必须通知监理工程师，做好检测记录。

2. 监理单位：

（1）监理应配合施工单位按设计要求和《标准》“11.4　容灾备份系统基本功能检测　Ⅰ　主控项目和Ⅱ　一般项目”的检验方法和检查数量逐项全部检查，并做好记录，合格则双方签字确认。

（2）组织运营单位有关人员参加测试活动。按《标准》“11.4　容灾备份系统基本功能检测　Ⅰ　主控项目和Ⅱ　一般项目”进行检查结果抽验。

举例：

______容灾备份功能检测

1. 测试时间：____________

2. 测试目的：

（1）检验灾备系统迁移后的有效性；

（2）确认灾难事件处理中各种资源的支持度。

3．测试影响范围：

切换时段清分中心的对外服务 IP 地址，切换到灾备中心，因此对接入单位的应用系统透明，无需做任何改动。

生产中心所有服务器、PC 等设备的 IP 地址，维持不变，这些设备与灾备中心服务器之间的原有通信关系也不受切换影响。

灾备切换时清分中心的核心数据库切换到灾备中心，数据库服务 IP 地址需要更改，因此所有直接访问数据库的客户端 TNS 配置需要更改，一些关键的客户端服务器、监控 PC 等在切换的操作时间由专人更改。

切换操作期间（约 60 分钟），清分系统对外数据交换暂时停顿。

灾备中心切入运行后，清分中心的日常业务不受影响。

4．灾备切换方式：

演练采用数据库完整切换方式，生产数据库与灾备数据库实现角色转换，生产数据库由 Primary 状态转入 Standby 状态，切换后灾备数据库由 Standby 状态转入 Primary 状态，这样生产系统的数据库就运行在灾备中心，而生产中心的数据库则转入反向同步方式，这种方式能保证灾备运行失败时的及时回退。

生产中心除工作网段的外部路由转向灾备中心外，其他网络配置不做修改。需要访问生产数据库的客户端用户通过改变配置，即可维持原有工作状态。因此，灾备切换期间应不影响清分中心的日常业务。

5．切换操作流程：

（1）从生产中心切换到灾备中心的操作步骤：

01：55　确认文件下发等作业完成。

02：00　关闭生产中心应用服务器上的集群。

02：01　确认应用系统在生产中心的相关服务器上已经关闭。

02：05　关闭生产中心数据库服务器上的集群，将生产数据库从 Primary 角色转换为 Standby 角色，灾备数据库从 Standby 角色转换为 Primary 角色。

02：10 检查灾备中心数据库各项状态，启动灾备中心应用服务器上的票务清分应用程序。

02：15 检查灾备服务器与各线路中央及其他清算系统的网络连通性。

02：30 检查灾备中心系统运行状态，交易是否能够正常处理。

（2）从灾备中心切回到生产中心的操作步骤：

01：55　确认文件下发等作业完成。

02：00　关闭灾备中心应用服务器上的集群。

02：01　确认应用系统在灾备中心的相关服务器上已经关闭。

02：05　关闭灾备心数据库服务器上的集群，将灾备数据库从 Primary 角色转换为 Standby 角色，生产数据库从 Standby 角色转换为 Primary 角色。

02：10　检查生产中心数据库各项状态，启动生产中心应用服务器上的票务清分应用程序。

02：15　检查生产服务器与各线路中央及其他清算系统的网络连通性。

02：30　检查生产中心系统运行状态，交易是否能够正常处理。

第五节　网络化互联互通检测

10.5.1 《标准》引用

> **11.5　网络化互联互通检测**
>
> Ⅰ　主 控 项 目
>
> **11.5.1**　票务清分系统应与各中央计算机系统及其他清算系统网络连通。
>
> 检验数量：全部检查。

检验方法：用计算机进行票务清分系统与各中央计算机系统、各外部运营商系统的连通性测试检查。

11.5.2 互联互通运营全功能检测应符合下列规定：

1 各外部运营商下发的所有参数应准确无误；

2 票务清分系统下发到各中央系统的所有运营参数应准确无误；

3 各终端设备接收的运营参数应准确无误；

4 应具有对本系统各类车票进行初始化编码及赋值功能；

5 票务清分系统收到的交易数据应准确无误；

6 所有交易金额应符合本系统规定的票价规则；

7 票务清分系统的对账过程应满足设计要求；

8 车站计算机系统、中央计算机系统和票务清分系统的各类报表应准确无误。

检验数量：全部检查。

检验方法：对照全功能检测要求，逐条进行测试检查。

Ⅱ 一 般 项 目

11.5.3 终端设备模拟运行的下列检测均应满足设计要求：

1 终端设备各类交易处理；

2 终端设备运行状态；

3 终端设备响应的系统运营模式。

检验数量：各种设备抽验不少于10%。

检验方法：模拟运营测试检查。

实施建议：

1. 施工单位：首先编制网络化互联互通检测方案；按《标准》“11.5 网络化互联互通检测 Ⅰ 主控项目和Ⅱ 一般项目”进行检查时，必须通知监理工程师，做好检测记录。

2. 监理单位：

（1）监理应配合施工单位按设计要求和《标准》“11.5 网

络化互联互通检测　Ⅰ　主控项目和Ⅱ　一般项目”的检验方法和检查数量全部检查，并做好记录，合格则双方签字确认。

（2）组织运营单位有关人员参加测试活动。按《标准》“11.5　网络化互联互通检测　Ⅰ　主控项目和Ⅱ　一般项目”进行检查结果抽验。

举例：

______工程 AFC 网络化运营验收检测方案

1. 测试时间：____________

2. 测试目的：

（1）检查系统的工作状态及与其他线路和车站的工作兼容性；

（2）检查清分系统生成系统参数及票价表的正确性；

（3）检查系统上线时切换的可行性。

3. 参加测试的车站及设备：

计划参加测试______车站和车站设备中半自动售票机____台、自动售票机____台、进站检票机____台、出站检票机____台。

4. 测试要求：

（1）对票务清分系统的要求。

准备正式上线时使用的下发的清分级参数，生效日期拟定在走票测试前一天，参数版本在汇总各线路相应参数版本号的基础上再做确定，版本号确认如表 1-10-1 所示。

表 1-10-1　版本号表

参数类型	下发前版本号	第一次下发版本号	第二次下发版本号	最终恢复版本号
…				

拟定测试用票卡采用正式的单程票和储值卡测试卡，安排清分系统参与测试的人员，对当天的测试数据的后期处理工作。

（2）对参与测试的线路要求。

配合票务清分系统确定 AFC 网络走票测试流程，并安排相关配合测试人员。配合票务清分系统确定下发的各类清分级参数版本号。制订线路内走票测试方案，并配合票务清分中心完成走票测试后的账务核对工作。确保线路中央系统与各车站的通信正常，确保清分级参数下发到参测车站。

（3）对参与测试的车站要求。

为走票测试人员提供必要帮助；提供自动售票机购票需要的现金；提供补票机发售出站票所需的车票；确保测试车站内终端设备的正常工作；确定换票地点。

5．测试内容（此处为举例，请根据实际情况确定测试内容）：

半自动售票机：售票、进站更新等；

自动售票机：售票；

进站验票机：进站验票；

出站验票机：出站验票、超程出站拒绝、无进站码出站拒绝等。

6．用票量：

测试用的单程票和储值卡都由票务中心提供。

（1）单程票。

各车站单程票的分配数量：

______线路______车站需要单程票____张，备用票____张，共计____张；

总计：______线路______车站需要单程票____张，备用票____张，共计____张；全部测试票卡由票务中心负责提供。

（2）储值卡。

每张测试用的储值卡余额大于 20 元（但不进行储值卡的充值测试）。需参与____个车站测试，参测车站需准备____张储值卡，共计____乘以____张等于____张。

（3）二维码。

包括手机进出站二维码生成。若非信用支付，则每部手机测试用余额大于20元。需参与____个车站测试，参测车站需准备____部手机，共计____乘以____部等于____部。

7．现金用量：____。

8．组织安排：

（1）总体调度组：由运营公司、______公司（设备供应商）清分中心总集相关负责人组成，统一协调走票测试中出现的各种情况，负责票卡领用登记，二次分票控制，汇总统计；

（2）票务清分中心监控组：由票务清分系统______公司（设备供应商）技术人员组成，负责发送清分中心参数、监控交易发生情况和汇总统计；

（3）线路中央计算机系统监控组：由线路______公司（设备供应商）技术人员组成，每个线路中央派一人，负责接收清分系统参数，下发参数到车站计算机，监控交易发生情况和汇总统计；

（4）走票测试组：由线路______公司（设备供应商）测试人员组成，每站一组，负责车票及现金的清点汇总与分票、半自动售票机车票发售及分析、自动售票机钱箱管理、接送票和进出站走票测试；

（5）技术保障组：由线路______公司（设备供应商）技术人员组成，负责半自动售票机、自动售票机、进出站验票设备、车站计算机系统的技术支持和故障解决，保障各参测车站的下载参数完整、准确，测试结束后能确认参数是否恢复；

（6）交通组：由线路______公司（设备供应商）安排，负责接送走票测试人员。

9．准备工作：

单程票____张，分别装袋，分发到各车站。

储值卡____张，分别装袋，分发到各车站。

手机____部，手机号码提前上报到总体调度组。

橡皮筋、标签纸、封装袋等。

10. 流程安排：

时间：____年____月____日

测试当日

20：00–20：30　全部人员至指挥中心集合。

20：30–21：30　进一步讲解测试流程，领取测试票卡、现金、皮筋、贴纸、信封等。

23：45–24：00　清分系统下发参数。

次日凌晨

0：00–0：15　线路中央确认收到清分系统参数，并通知票务清分中心，未得到票务清分中心指令前不得进入下一步骤。

0：05–0：30　清分及线路参数下发至参测车站、参测设备，测试人员确认参数接收完成。

0：30–1：00　模拟乘客，根据测试计划进站验票，填写相关数据表格，将进站车票集中送至参测车站线路中央。

1：00–1：30　已进站车票送抵线路控制中心，完成换票。

1：30–2：00　控制中心分票人员将已进站车票分配到各对应出站车站，由各车站送票人员签收。

2：00–2：30　车站送票人员返回各自负责车站。

2：30–3：00　模拟乘客，根据测试计划出站验票，车站测试人员做正常出站、超程更新、进站更新和发售出站票出站操作，并填写相应测试表格。

3：00–3：15　各车站完成对测试中出现的遗失车票、损坏车票及免费出站票等项目测试表格填写。

3：00–3：30　车站向线路中央确认测试交易是否完成，再由线路中央逐级向票务清分中心上报完成情况。

3：30–4：00　AFC 网络走票交易测试完成，由车站票款员负责回收自动售票机中的钱币，并打印设备账单、核账。

3：30-4：00　车站、线路中央、票务清分系统汇总本次测试交易数据。

4：00-4：30　稽查交易数据并分析，完成测试数据的后期处理工作，AFC 网络走票测试结束。

第十一章　电源、接地、防雷

第一节　一 般 规 定

11.1.1 《标准》引用

> **12.1 一 般 规 定**
>
> **12.1.1** 配电柜、不间断电源（UPS）、电池柜的安装地面应无凹凸。
>
> **12.1.2** 设备安装前应检查下列安装条件，并均应满足设计要求：
>
> **1** 地面均布荷载；
>
> **2** 暗配管道、预留孔、预埋件的技术条件；
>
> **3** 电源系统的供电条件；
>
> **4** 接地箱、盘的接地端子数量；
>
> **5** 接地系统的共用综合接地体的接地电阻值；
>
> **6** 电源防雷设施设备和功能；
>
> **7** 设备安装的环境应符合电磁环境、温湿度、洁净度的参数。

实施建议：

1. 施工单位：按《标准》中“12.1　一般规定”的要求进行检查。

2. 监理单位：应和施工单位一起检查，满足《标准》中“12.1　一般规定”的条件即可进行下道工序的施工。

举例：

______工程 AFC 系统接地系统要求

1．设计原则：

为防止外界电压危害人身安全和对弱电系统设备的损害，

抑制电气干扰，保证弱电设备正常工作，本系统采取联合接地方式，接地电阻≤ 1Ω，所有设备和线槽都须与接地端子连接。电磁兼容接地：确保电磁环境中 AFC 能够安全稳定地工作。

要求施工中应做到：

（1）屏蔽接地要求 AFC 数据电缆屏蔽层必须单点接地。

（2）接地连接绝缘铜芯导线截面不宜小于 $16mm^2$。

（3）线缆穿金属导管或沿防水线槽、带金属盖板的金属桥架敷设，金属线槽及其支架和引入或引出的金属导管必须可靠接地或接零。

（4）分向盒、分线盒必须可靠接地或接零。

（5）接地铜排和螺栓、地线盘端子与室内接地连接导线连接牢固、接触良好。

（6）接地装置的各种连接处，焊接不得有假焊或虚焊现象，焊点应做防腐处理。

（7）配电箱接地保护或接零保护应可靠，且有标识。

（8）接地连接导线线种和截面应符合设计要求。接地连接导线布放不得有接头。防雷、工作（联合）接地、保护地线与设备连接应符合设计规定。

（9）AFC 系统防雷接地与交流工频接地、直流工作接地、安全保护接地共用综合接地体，接地装置的接地电阻值必须按接入设备中要求的最小值确定。

（10）AFC 系统的雷电防护等级、防雷设施的设置位置、方式及数量应符合设计要求。

2. 保护接地：

采用供电系统的 PE 线作为保护接地线，配电箱、AFC 机柜及售检票机柜和检票机外壳均接到 PE 线进行保护。

3. 工作接地：

在车控室架空地板下设置工作接地地线盘，地线盘采用 ZR-BV（1×25）导线与通信设备室的系统工作接地排相连，

AFC 系统预埋管线、通信电缆屏蔽层等工作接地均采用 ZR-BV（1×6）导线接入地线盘。

第二节　电源设备安装

11.2.1 《标准》引用

> **12.2　电源设备安装**
>
> Ⅰ　主 控 项 目
>
> **12.2.1**　电源设备到达现场后应对其型号、规格及参数进行检查，并应满足设计要求。
>
> 检验数量：全部检查。
>
> 检验方法：观察检查。
>
> **12.2.2**　不间断电源、配电柜、配电箱、配电盘的金属框架及基础型钢应接地可靠，且应装有可开启门，门和框架间的接地端子间应采用接地线连接，并应有标识。配电柜各单元应插接良好，电气接触点应接触可靠、连接紧密。输入电源的相线和零线不得接错，零线不得虚接或断开。
>
> 检验数量：全部检查。
>
> 检验方法：观察检查。
>
> **12.2.3**　蓄电池组安装应排列整齐、连接正确、接触良好，蓄电池电极或连接头应无松动、无腐蚀。
>
> 检验数量：全部检查。
>
> 检验方法：观察检查。
>
> **12.2.4**　配电箱安装应符合下列规定：
>
> **1**　箱体外观应无变形，漆饰应完好；
>
> **2**　箱体上的穿线孔切口应整齐；
>
> **3**　配管与箱体连接应牢固；
>
> **4**　配电箱应安装牢固，箱底边距地面距离应满足设计要求；

5　配电箱体内元器件应完好和齐全；

6　回路编号应齐全、正确，并应与设计图纸要求的编码或编码规则一致；

7　交流配电箱内的零线、保护地线应在汇流排上连接，不得绞接，并应有编号。

检验数量：全部检查。

检验方法：观察检查。

实施建议：

1. 施工单位： 按《标准》“12.2　电源设备安装　I　主控项目”的要求对照设计文件全数检查，配电设备到现场（配电柜、箱）时，施工单位、设备供应商、监理单位必须办理开箱验收手续。

2. 监理单位： 监理应配合施工单位按设计要求和《标准》“12.2　电源设备安装　I　主控项目”的检验方法逐项检查，检验数量须为全部检查，并做好记录，符合要求则施工单位、设备供应商、监理单位三方签字确认。

举例：

______工程 AFC 系统电源系统要求

1. 不间断电源 UPS 安装，设备供应商和质量监理应检查：

（1）安装前预先检查其各组成装置的规格、型号是否符合设计要求，内部接线连接应正确，紧固件齐全，可靠不松动，焊接连接无脱落现象，各项性能参数符合设计要求。

（2）放置不间断电源的机架组装横平竖直，水平度、垂直度允许偏差不大于 1.5‰，安装就位后，固定牢固可靠。

（3）UPS 不间断电源输出端的中性线（N 极）必须与由接地装置直接引来的接地干线相连接并重复接地。UPS 不间断电源装置的可接近裸露导体应接地或接零可靠，且有标识。

（4）安装完毕后进行绝缘测试和接地测试，并做好详细的施工记录。

（5）蓄电池组及其绝缘防护罩安装应排列整齐、连接正确、接触良好，蓄电池电极或接线无腐蚀，充放电情况良好，无过放。

2. 配电箱（柜）安装，设备供应商和质量监理应检查：

（1）施工人员熟悉施工设计图纸（平面布置图、安装及配线图等）和设备结构、安装尺寸。

（2）检查室内装修满足设备安装条件，预埋件、沟、槽、孔位置准确无误、无遗漏，照明、施工用电源、地线及室内温度符合设备及设计要求，消防器材齐全有效。

（3）配电箱体内元器件完好、齐全，配置性能应符合设计要求，回路编号齐全、正确。

（4）交流配电箱内，零线和保护线应在零线和保护地线汇流排上连接，不得绞接，并应有编号。

（5）信息插座、三联暗插座和地面插座盒的安装位置符合设计要求，固定方法按施工现场条件而定，固定螺丝要拧紧，不产生松动现象。各种插座面板设有标志，以颜色、图形或文字表示所接终端设备的类型。

11.2.2 《标准》引用

Ⅱ 一 般 项 目

12.2.5 电源设备的安装位置、顺序、方向及进出线方式应满足设计要求。

检验数量：全部检查。

检验方法：观察检查。

12.2.6 电源设备安装应符合下列规定：

1 UPS 机柜、电池柜安装底座应固定牢固，其尺寸、安装孔径、孔矩、位置应满足设计要求；

2 电源柜安装垂直度允许偏差不应大于 1.5‰；

3　电源柜应有防震措施；

4　电源柜安装应牢固；

5　电源设备表面应平整，漆饰应完好，标识应齐全。

检验数量：全部检查。

检验方法：观察，并用尺测量检查。

12.2.7　电源设备各种仪表指示应正常。

检验数量：全部检查。

检验方法：观察检查。

12.2.8　蓄电池安装应符合下列规定：

1　蓄电池安装应稳固、平整；

2　蓄电池标识应正确、清晰、齐全；

3　蓄电池应无渗漏，外壳应无变形；

4　蓄电池架、柜安装垂直度允许偏差不应大于1.5‰。

检验数量：全部检查。

检验方法：观察，并用尺测量检查。

实施建议：

1. 施工单位：在安装施工过程中对照设计文件加强自检，质量员做好检查记录。

2. 监理单位：要求施工单位按《标准》"12.2　电源设备安装　Ⅱ　一般项目"进行检查，监理适当抽查，并做好监理记录。

第三节　接地与防雷

11.3.1 《标准》引用

12.3　接地与防雷

Ⅰ　主 控 项 目

12.3.1　防雷接地、工作接地、联合接地、保护接地与设备连接应满足设计要求。

检验数量：全部检查。

检验方法：观察检查。

12.3.2 接地安装应符合下列规定：

1 接地方式、设备接地端子排列、地线接入及连接应满足设计要求；

2 接地铜排与螺栓、地线盘端子与室内接地连接导线连接应牢固；

3 接地装置的连接处应采用镀锡过渡，焊接不得有假焊或虚焊现象，焊点应进行防腐处理；

4 屏蔽接地要求数据线缆屏蔽层应单点接地；

5 接地连接绝缘铜芯导线截面面积应满足设计要求；

6 金属线槽及其支架和引入或引出的金属导管应接地；

7 接地隐蔽工程部分应有检查验收合格记录；

8 配电箱接地保护应可靠，且应有标识。

检验数量：全部检查。

检验方法：观察检查。

12.3.3 接地连接导线布放不应有接头。

检验数量：全部检查。

检验方法：观察检查。

12.3.4 防雷产品的选用应满足设计要求，并应检查所选用的防雷产品的出厂合格证和检测合格报告。

检验数量：全部检查。

检验方法：观察检查。

12.3.5 防雷设施的设置位置、方式及数量应满足设计要求。

检验数量：全部检查。

检验方法：观察检查。

12.3.6 防雷接地与交流工频接地、直流工作接地、安全保护接地应共用综合接地体，接地装置的接地电阻值应满足设计要求。

检验数量：全部检查。

检验方法：观察检查。

12.3.7 设备的接地与综合接地的连接应牢固。

检验数量：抽验 10%。

检验方法：观察检查。

实施建议：

1. 施工单位：在安装施工过程中按《标准》要求对照设计文件加强自检，质量员做好检查记录。

2. 监理单位：要求施工单位按《标准》“12.3　接地与防雷　Ⅰ　主控项目”及设计要求在施工过程中全部检查，监理做好巡检和抽查，并做好监理记录，作为隐蔽工程验收依据。

举例：

______工程 AFC 系统接地施工要求

在车控室架空地板下设置工作接地地线盘，地线盘采用 BVR（$1\times25mm^2$）导线与接地排相连，AFC 系统预埋管线接地均采用 BVR（$1\times6mm^2$）导线接入地线盘。

系统工作接地必须以有关质监部门的检查测试验收文件为确认依据。其检查测试验收文件复印件应存放在竣工文件中。

11.3.2 《标准》引用

Ⅱ　一 般 项 目

12.3.8 防雷线缆和接地线缆应从共用综合接地体引出。

检验数量：全部检查。

检验方法：观察检查。

实施建议：

1. 施工单位：在安装施工过程中按《标准》“12.3　接地与防雷　Ⅱ　一般项目”的要求进行检查，做好检查记录。

2. **监理单位**：监理工程师按《标准》“12.3 接地与防雷 Ⅱ 一般项目”及设计要求在施工过程中全部检查，做好巡检和抽查的监理记录，作为隐蔽工程验收依据。

第四节 电源设备检测

11.4.1 《标准》引用

12.4 电源设备检测

Ⅰ 主控项目

12.4.1 电源设备测试应符合下列规定：

1 电源设备带电部分与金属外壳间的绝缘电阻应大于 5MΩ；

2 首次充放电的各项指标应满足设计要求。

检验数量：全部检查。

检验方法：测量检查。

12.4.2 电源设备的电性能测试应符合下列规定：

1 当人工或自动转换双路电源时，供电间断时间应满足设计要求；

2 故障报警应准确；

3 蓄电池组容量应满足设计要求；

4 当输出电压和输出电流超限时，保护电路动作应准确；

5 当输入电源故障时，应能自动转换蓄电池组供电；

6 UPS 的输入、输出各级保护系统和技术性能指标应满足设计要求。

检验数量：全部检查。

检验方法：测试检查。

12.4.3 电源线缆的芯线间和芯线对地的绝缘电阻应大于 0.5MΩ。

检验数量：全部检查。

检验方法：用绝缘电阻测试仪进行测量检查。

Ⅱ 一般项目

12.4.4 电源监控应能检测主电源及后备电源的供电情况。

检验数量：全部检查。

检验方法：测试检查。

实施建议：

1. 施工单位：按《标准》“12.4 电源设备检测 Ⅰ 主控项目和Ⅱ 一般项目”的要求进行检查和测试。

2. 监理单位：在施工单位按《标准》“12.4 电源设备检测 Ⅰ 主控项目和Ⅱ 一般项目”测试时，监理应旁站检查见证试验，满足要求，签字确认。

举例：

______工程 AFC 系统接地测试要求

在车控室架空地板下设置工作接地地线盘，地线盘采用 BVR（$1\times25mm^2$）导线与接地排相连，AFC 系统预埋管线接地均采用 BVR（$1\times6mm^2$）导线接入地线盘。接线完成后施工质量人员用兆欧表、绝缘电阻测试仪、数字万用表、接地电阻测试仪、电池容量测试仪进行测试。

系统工作接地必须以有关质监部门的检查测试验收文件为确认依据。其检查测试验收文件复印件应存放在竣工文件中。

第十二章　AFC 系统联调联试

第一节　一般规定

12.1.1　《标准》引用

> **13.1　一般规定**
>
> **13.1.1**　AFC 系统联调联试验收应在设备安装与配线、车票与车票读写机具、车站终端设备、车站计算机系统、中央计算机系统、票务清分系统等各级设备功能及现场安装质量验收完成后进行。
>
> **13.1.2**　AFC 系统联调联试验收应包含系统性能检测、系统接入线网功能检测和外部接口功能检测。

实施建议：

1. 施工单位：应按《标准》"13.1　一般规定"的要求，完成设备安装与配线的检查和验收、整机及模块的功能检测、单机功能检测、单车站系统功能检测、网络系统连通性检测、中央计算机系统软硬件功能测试、票务清分系统软硬件功能测试，并提供相应的设备出厂验证报告或提交第三方检测报告、设备安装种类、数量及位置对应表、单机单系统功能验证及压力测试数据资料，AFC 系统总承包单位进行审查，满足要求后整套提交监理工程师审查。

2. 监理单位：监理工程师应配合施工单位到现场对设备的基本功能进行检测，对现场安装种类、数量、位置、用电规范全部进行检查和确认，对设备及系统功能按设计要求和《标准》要求采用相应的检测方法逐项检查，做好相应记录，并对施工单位提交的资料进行审查，双方签字确认，满足要求后报总监理工程师，由总监理工程师及建设单位项目负责人（经理）进行检查，并做出检查结论（不符合要求的必须整改）。监测中所使用的仪器仪表均应有合格证书。

3. 建设单位：组织相关人员参加测试和检查。

举例：

________工程 AFC 系统________车站终端

设备现场清点、测试清单

1. 设备的品种、数量、文件资料、材料等进行清点登记，三方签字认可，当货物与合同不符时设备供应商应立即补齐。

2. 验收时对存在问题详细描述，对检查中出现的问题，应及时解决，对有故障的设备，立即进行调换，对缺少的设备材料，立即组织货源及时补齐，并运到现场。

3. 在开箱检验中发现诸如数量、型号和外观不符合要求，设备的零部件损坏等问题，三方应当场记录在案，并尽快更换或补齐货物。

4. 对设备的安装固定、电缆连接、接地螺钉、接地电阻、安装平衡度、尺寸要求等进行检查，对安装不符合规范的，施工单位应立即纠正，并经业主、监理验收认可。

5. 对终端设备模块功能、单机功能、网络连通性、单车站系统功能都已做过功能及压力测试后，施工单位提交自动检票机出厂测试报告、半自动售票机出厂测试报告、自动售票机出厂测试报告，自动检票机单机测试、半自动售票机单机测试、自动售票机单机测试、SC 测试、系统联调联试申请，并提交相关联调联试测试方案。终端设备检查内容如表 1–12–1 所示。

表 1–12–1　终端设备检查内容表

序号	检查项目	内　容	自动检票机	半自动售票机	自动售票机	SC
1	设备出厂测试报告	性能指标检测	○	○	○	○
		外观结构	○	○	○	○
		性能测试	○	○	○	○
		功能测试	○	○	○	○
		诊断测试	○	○	○	○
		故障测试	○	○	○	○
		硬部件核对	○	○	○	○
2	设备清点清单	品种	○	○	○	○
		台数	○	○	○	○
		安装位置	○	○	○	○
		文件资料	○	○	○	○
3	单机测试报告	性能测试	○	○	○	
		功能测试	○	○	○	○
		故障测试	○	○	○	
		诊断测试	○	○	○	
		乘客显示器	○	○	○	
4	单系统测试报告	外观结构状态联调测试	○	○	○	○
		性能测试	○	○	○	○
		参数测试、核对测试	○	○	○	○

续表 1-12-1

序号	检查项目	内　　容	自动检票机	半自动售票机	自动售票机	SC
4	单系统测试报告	功能测试	○	○	○	○
		软件版本查询	○	○	○	○
		时钟同步检查	○	○	○	○
		运营状态控制和运营模式控制	○	○	○	○
		界面签退测试		○	○	○
		界面显示测试	○	○	○	○
5	安全性	泄漏电流不符合要求	○	○	○	○
		耐电强度不符合要求	○	○	○	○
		断电保护不起作用	○	○	○	○

第二节　联调联试验收检测

12.2.1 《标准》引用

13.2　联调联试验收检测

Ⅰ　主 控 项 目

13.2.1　系统基本性能检测结果应满足设计要求，检测应包含下列项目：

1　自动售票机和半自动售票机的售票速度；

2　自动售票机的卡币率和卡票率；

3　自动检票机的客流通过速度；

4　自动检票机的卡票率。

检验数量：每个车站选择自动售票机不少于2台，半自动售票机不少于2台，自动检票机不少于进出各1台。单台自动售票机或半自动售票机的售票数量不少于500张，单通道自动检票机检票不少于500张。

检验方法：按线路客流预测对单程票和储值票使用比例进行配置。模拟客流高峰时段，测试人员从自动售票机和半自动售票机购买单程票，并持各种车票从自动检票机通过。通过统计单位时间内车票发售数量及检票数量，折算成高峰期车站设备客流处理能力；通过统计卡币、卡票次数，折算设备卡币、卡票率指标。

13.2.2　新建AFC系统应能接入既有线网AFC系统内运行，应能按票务规则对票卡进行操作并产生交易。

检验数量：每个车站自动检票机、半自动售票机、自动售票机均不少于1台。

检验方法：使用既有线网参数，在新建车站任意选择半自动售票机和自动售票机至少各1台进行实际购票操作，每台设备的购票数不少于10张，并使用这些车票在新建车站的自动检票机上进行进站和出站操作。

13.2.3　新建自动检票机应能按票务规则对来自线网的各类票卡进行处理并产生交易。

检验数量：每个车站不少于1个进站通道和1个出站通道。

检验方法：使用既有线网参数，并结合已运营设备进行。检查参数正确下载后，持各种车票从本站进站，并从线网已开通车站出站；持各种车票从已开通车站进站后，从本站出站。

13.2.4　新建半自动售票机应能按票务规则对来自线网任意车站的各类票卡进行处理并产生交易。

检验数量：每个车站不少于1台。

检验方法：持各种车票从线网其他车站进站，人为产生超时、超程等票务规则中列举的情况后，用新建半自动售票机对票卡进行分析和处理。

13.2.5　新建自动售票机和半自动售票机按票务规则发售的单程票应能根据设计要求，在线网内任意车站进站或出站。

检验数量：每个车站自动售票机和半自动售票机各不少于1台。

检验方法：使用开通线网参数，并结合已运营设备进行。检查参数正式下载后，从新建的自动售票机和半自动售票机购买单程票，本站进站，线网其他车站正常及非正常出站。

实施建议：

1. 施工单位：按《标准》“13.2　联调联试验收检测　Ⅰ　主控项目”的要求进行检测时，通知监理工程师到场，做好检测记录。

2. 监理单位：监理工程师应配合施工单位按设计要求和《标准》“13.2　联调联试验收检测　Ⅰ　主控项目”的检验方法逐项检查，检验数量须全部检查，并做好记录，合格则双方签字确认。

3. 建设单位：组织有关人员参加测试和检查。

12.2.2 《标准》引用

Ⅱ　一 般 项 目

13.2.6　AFC系统与外部接口检测结果应满足设计要求，检测应包含下列项目：

1　与通信系统接口；

2　与火灾报警系统接口；

3　与综合监控系统接口；

4　与其他清算或支付系统接口；

5　与动力、照明和装饰工程接口。

检验数量：全部检测。

检验方法：测试检查。

实施建议：

1. 施工单位：按《标准》“13.2　联调联试验收检测Ⅱ　一般项目”的要求，完成与其他专业系统的通信接口的安装、连接和通信测试。

2. 监理单位：依据《标准》“13.2　联调联试验收检测Ⅱ　一般项目”的要求，完成与其他专业系统的通信接口的功能测试验收。

3. 建设单位：协调其他相关专业系统的测试人员参加测试和检查。

举例：

______联调联试功能检测方案

1. 联调联试检测内容。

（1）终端设备与车站计算机系统的基本功能验证。

1）单程票发售、更新、进出站功能。

2）储值卡充值、更新、进出站功能。

3）车站计算机系统与终端设备联调。

4）自动检票机通过能力（单位时间检票数量、回收卡票次数）。

5）自动售票机和半自动售票机客流处理能力（单位时间车票发售数量，卡币、卡票次数）。

（2）AFC 系统与内外部接口检测。

1）检查车站计算机系统、中央计算机系统的各通信系统接口连接完好。

2）检查车站各火灾报警系统接口连接完好。

3）检查综合监控系统接口连接完好。

4）检查车站计算机与其他清算或支付系统接口连接完好。

5）检查车站计算机的动力、照明和装饰工程接口连接完好。

6）车站计算机、终端设备参数、命令的下发功能。

7）终端设备参数数据及寄存器上传功能。

8）与相关系统接口的测试。

（3）系统接入线网功能检测。

1）从各车站售票或进出站设备上发送一些模拟测试数据到中央计算机，在控制中心计算机中打印出数据报表，由此分析验证其通信功能，模拟测试数据的量值应与车站设计客流量相近。

2）通过在某个车站自动售票机上出售车票进站，在其他车站出站，以验证各站之间票务处理的正确性。

3）从中央计算机下达控制命令、系统参数、黑名单等，以验证各车站能否正常工作，此外，在中央计算机上打印报表，以验证其管理功能。

4）车站各类设备的联网测试，主要反映车站的整体功能和性能。

5）重点车站的联网测试，主要就车站系统在线路运营中所反映的正确性、时效性。

6）全线路车站联网测试，主要反映整条线路 AFC 系统功能完备性、交易和账务正确性。

7）车站局域网环境下的车站接入测试，主要反映车站在全网系统中的符合性、正确性。

8）全网环境下的联合走票测试，着重对线网中主要车站（如换乘车站）售检票的正确性进行测试。

2. 联调联试方法与步骤。

（1）系统整体功能测试方案。

1）测试前准备。

①检查测试设备的软件版本是否为要求上线的版本，其中包括 SC 版本、SCWS 版本、自动检票机版本、半自动售票机版本、自动售票机版本、手持机版本。

②为了不影响其他正线运营，要断开 SC 向上 LC 的端口，双重保险：

a. SC 应用中断向上 LC 的端口；

b. 参数收完后断开 SC 向上的网线。

③参数检查，车站配置及布局图中车站终端设备节点标识、IP 地址根据工程前期施工的具体情况核准并完成参数方案的编辑和下发，保证各车站终端设备的测试参数准确。

④充值类设备半自动售票机充值测试时，修改配置，保证充值测试过程连接的是充值测试中心。

⑤车站根据本站的预定工程施工工作量，准备确定数量的单程票和交通卡。

⑥测试开始前后记录各设备的寄存器数据或有效截图。

2）车站与设备通信接口测试：

①链路连通检查 – 应用层。

②车站终端设备初始化命令 –SC 下发设置车站终端设备节点标识。

③上传设备状态数据 –SC 接收车站终端设备的数据。

④上传寄存器数据 – 票箱 / 维护 –SC 接收闸机的数据。

⑤上传审计寄存器数据 –SC 接收半自动售票机数据。

⑥设备服务开 / 关控制。

⑦当前 / 将来参数同步。

⑧当前 / 将来参数查询。

⑨时钟同步检查。

⑩软件查询及升级。

⑪紧急模式。

⑫其他。

3）车站计算机系统服务器现场测试，SC 服务器测试项目如表 1-12-2 所示。

表 1-12-2　SC 服务器测试项目

交易记录查询		
序号	检 查 项 目	检 查 标 准
1	检查设备交易记录	通信正常时，设备交易记录正确
2	恢复被断开的闸机网络，稍后查询该台闸机交易	交易记录已正常进入数据
设备状态查询		
序号	检 查 项 目	检 查 标 准
1	在车站监控界面查询各设备状态	监控界面反应的设备状态正确
SC-LC 时间同步		
序号	检 查 项 目	检 查 标 准
1	手工修改 SC 时间	SC 和 LC 的时钟偏差不小于 2min
2	恢复与 LC 的网络连接	SC 时间被同步，和 LC 保持一致
车站报表		
序号	检 查 项 目	检 查 标 准
1	检查车站报表	报表符合运用要求

4）车站计算机系统服务器测试结果，SC 服务器测试记录如表 1-12-3 所示。

表 1-12-3　SC 服务器测试记录

所属车站：			测试日期：		测试人员：	
设备信息			检查结果			
序号	设备编号	设备 IP 地址	交易记录查询	设备状态查询	SC-LC 时间同步	车站报表
1	SC					
备注						

5）车站测试后检查：

①核对测试前后寄存器数据差值和实际测试数据是否一致。

②检查 SC 上相关报表数据和实际数据是否一致。

③测试环境清理，因为单站测试后启动多站测试，所以该测试环境可以先保留待用。

6）自动售票机联调联试检测，检测记录如表 1-12-4 所示。

①应准备多币种：纸币 50 元、20 元、10 元、5 元（100 元、1 元为备选），硬币 1 元。

②应准备其他支付方式：信用卡等。

③单程车票数量：≥ 500 张。

④检测自动售票机数量：不少于 2 台 / 车站。

⑤检测自动售票机发票速度、卡币率和卡票率。

⑥同线路不同站点购票符合设计要求。

⑦同网络跨线路不同站点购票符合设计要求。

表 1-12-4　自动售票机联调联试检测记录表

序号	测试项	执行操作	预期结果
1	测试准备	加币箱内放置足够的硬币； 纸币找零箱中放置足够的纸币； 发售模块票箱内 ≥ 500 张单程车票	测试设备工作正常

续表 1-12-4

序号	测试项	执行操作	预期结果
2	硬币购票	选择购买 3 元（或最低面额）车票 9 张	乘客显示器显示： 张数：9 张； 单价：3 元（或最低面额）； 总金额：27 元； 纸币、硬币投币口打开并提示投币
		逐枚投 1 元硬币，共 27 枚	乘客显示器逐枚显示投入累计金额；当投入累计金额达到 27 元时，纸币、硬币投币口关闭
		乘客确认购买，自动售票机开始发售车票	自动售票机连续出票 9 张，售票完成后有声光提示乘客取出车票； 车票处理速度符合设计要求，连续发票卡不卡币和卡票； 统计卡币、卡票次数记录
3	纸币购票	选择购买 3 元（或最低面额）车票 9 张	乘客显示器显示： 张数：9 张； 单价：3 元（或最低面额）； 总金额：27 元； 纸币、硬币投币口打开并提示投币
		投纸币 10 元、20 元	乘客显示器显示累计金额；当投入累计金额达到 27 元或超过 27 元时，纸币、硬币投币口关闭
		乘客确认购买，自动售票机开始发售车票和找零	自动售票机连续出票 9 张，并找零正确，售票完成后有声光提示乘客取出车票； 车票处理速度符合设计要求，连续发票卡不卡币和卡票； 统计卡币、卡票次数记录

续表 1-12-4

序号	测试项	执行操作	预期结果
4	纸币硬币购票	选择购买3元车票，最多9张	乘客显示器显示： 张数：9张； 单价：实际购买单价； 总金额：实际购买金额； 纸币、硬币投币口打开并提示投币
		投纸币5元、10元、20元、50元或硬币1元	乘客显示器显示累计金额；当投入累计金额达到27元或超过27元时，纸币、硬币投币口关闭
		乘客确认购买，自动售票机开始发售车票和找零	自动售票机连续出票9张，售票完成后有声光提示乘客取出车票； 车票处理速度符合设计要求，连续发票卡不卡币和卡票； 统计卡币、卡票次数记录
5	同线路不同站点购票	选择购买3元以上车票，最多9张	乘客显示器显示： 张数：9张； 单价：实际购买单价； 总金额：实际购买金额； 纸币、硬币投币口打开并提示投币
		投纸币5元、10元、20元、50元或硬币1元	乘客显示器显示累计金额；当投入累计金额达到购买金额时，纸币、硬币投币口关闭
		乘客确认购买，自动售票机开始发售车票和找零	自动售票机连续出票9张，售票完成后有声光提示乘客取出车票； 车票处理速度符合设计要求，连续发票卡不卡币和卡票； 统计卡币、卡票次数记录

续表 1–12–4

序号	测试项	执行操作	预期结果
6	同网络跨线路不同站点购票	选择购买 3 元以上车票，最多 9 张	乘客显示器显示： 张数：9 张； 单价：实际购买单价； 总金额：实际购买金额； 纸币、硬币投币口打开并提示投币
		投纸币 5 元、10 元、20 元、50 元或硬币 1 元	乘客显示器显示累计金额；当投入累计金额达到购买金额时，纸币、硬币投币口关闭
		乘客确认购买，自动售票机开始发售车票和找零	自动售票机连续出票 9 张，售票完成后有声光提示乘客取出车票； 车票处理速度符合设计要求，连续发票卡不卡币和卡票； 统计卡币、卡票次数记录

7）自动检票机联调联试检测，检测记录如表 1–12–5 所示。

①进站方向检测数量：≥ 500 张。

②出站方向检测数量：≥ 500 张。

③检测自动检票机数量：进站不少于 1 个通道、出站不少于 1 个通道 / 车站。

④检测自动检票机通过率和卡票率。

⑤同线路不同站点进站和出站符合设计要求。

⑥同网络跨线路不同站点进站和出站符合设计要求。

表 1–12–5　自动检票机联调联试检测记录表

序号	测试项	执行操作	预期结果
1	测试设备	准备从自动售票机购票的单程票若干 准备从半自动售票机购票的单程票或储值卡若干	测试设备工作正常

续表 1-12-5

序号	测试项	执行操作	预期结果
2	正常车票进站	使用3元单程车票 人员若干，一人持一张单程票	持单程票从进站端刷票能快速进站 乘客通过能力≥35人/分钟 统计进站通过率记录
		使用3元以上面额单程车票 人员若干，一人持一张单程票	持单程票从进站端刷票能快速进站 乘客通过能力≥35人/分钟 统计进站通过率记录
		使用储值卡进站 人员若干，一人持一张储值卡	持储值卡从进站端刷票能快速进站 乘客通过能力≥35人/分钟 统计进站通过率记录
3	正常车票同站出站	使用3元单程车票、储值卡 人员若干，一人持一张单程票、储值卡	持单程票、储值卡从出站端刷票能快速进站 乘客通过能力≥35人/分钟 统计出站通过率记录 统计回收卡票记录
4	正常车票同线路不同站出站	使用3元或3元以上单程票、储值卡 人员若干，一人持一张单程票、储值卡	持单程票、储值卡从出站端刷票能快速进站 乘客通过能力≥35人/分钟 统计出站通过率记录 统计回收卡票记录
5	正常车票同网络跨线路不同站出站	使用3元或3元以上单程票、储值卡 人员若干，一人持一张单程票、储值卡	持单程票、储值卡从出站端刷票能快速进站 乘客通过能力≥35人/分钟 统计出站通过率记录 统计回收卡票记录

8）半自动售票机联调联试检测，检测记录如表 1–12–6 所示。

表 1–12–6　半自动售票机联调联试检测记录表

序号	测试项	执行操作	预期结果
1	测试设备	票箱内 ≥ 500 张单程票； 储值卡	测试设备工作正常
2	车票处理速度检测	发售 10 张 3 元单程票	单张车票发售速度不应超过 3 秒记录 车票处理速度符合设计要求 统计发票速度记录
		发售 10 张 3 元以上单程票，同线路不同站点，检测车票发售速度	单张车票发售速度不应超过 3 秒记录 统计发票速度记录
		发售 10 张 3 元以上单程票，同网络跨线路不同站点，检测车票发售速度	单张车票发售速度不应超过 3 秒记录 车票处理速度符合设计要求 统计发票速度记录
		在半自动售票机的桌面读写机具上对 10 张储值卡进行充值，检测车票发售速度	单张车票处理时间符合国家标准《城市轨道交通自动售检票系统技术条件》GB/T 20907 中第 6.3.1.2 项的要求：应小于 1 秒 车票处理速度符合设计要求
		使用其他线路车站进站车票并超时，在半自动售票机上分析处理	车票处理速度符合设计要求 统计发票速度记录

①应准备多币种：纸币 50 元、20 元、10 元、5 元（100 元、1 元为备选），硬币 1 元。

②单程车票数量：≥ 500 张。

③检测半自动售票机数量：不少于 2 台 / 车站。

④检测半自动售票机发票速度。

（2）AFC 系统对外接口联调联试。

1）与通信系统的接口检测，检测记录如表 1–12–7 所示。

表 1–12–7　与通信系统的接口检测记录表

<table>
<tr><th>序号</th><th>接口要求</th><th colspan="3">技术标准</th></tr>
<tr><td>1</td><td>与时钟子系统的接口</td><td colspan="3">接口界面：通信系统配线架；接口方式：符合设计要求；功能要求：为 AFC 系统提供准确的时钟信息</td></tr>
<tr><td>2</td><td rowspan="2">与传输子系统的接口</td><td colspan="3">车站接口：接口界面：通信系统配线架；接口方式：符合设计要求；功能要求：提供符合 AFC 系统要求的传输通道；通道速率：符合设计要求</td></tr>
<tr><td>3</td><td colspan="3">运行控制中心接口：接口界面：通信系统配线架；接口方式：符合设计要求；功能要求：提供符合 AFC 系统要求的传输通道；通道速率：符合设计要求</td></tr>
<tr><td colspan="2">联调联试项目名称</td><td colspan="3"></td></tr>
<tr><td colspan="2">系统集成单位名称</td><td colspan="3"></td></tr>
<tr><td colspan="2">联调联试配合单位名称</td><td colspan="3"></td></tr>
<tr><td colspan="2">接口测试结果</td><td colspan="3">□合格　　□不合格</td></tr>
<tr><td colspan="2">说明</td><td colspan="3"></td></tr>
<tr><td colspan="2">集成项目经理签字</td><td></td><td>日期</td><td></td></tr>
<tr><td colspan="2">总监理工程师签字</td><td></td><td>日期</td><td></td></tr>
</table>

2）与火灾报警系统接口检测，检测记录如表 1–12–8 所示。

表 1-12-8　与火灾报警系统接口检测记录表

接 口 要 求	技 术 标 准
与火灾报警系统接口	接口界面：火灾报警系统接口模块；接口方式：符合设计要求；功能要求：与火灾报警系统联动
联调联试项目名称	
系统集成单位名称	
联调联试配合单位名称	
接口测试结果	□合格　　□不合格

3）与综合监控系统接口检测，检测记录如表 1-12-9 所示。

表 1-12-9　与综合监控系统接口检测记录表

接 口 要 求	技 术 标 准		
综合监控系统接口	接口界面：综合监控系统配线架；接口方式：符合设计要求；功能要求：符合设计要求		
IBP 盘接口	接口界面：IBP 盘接线端子排外侧；接口方式：符合设计要求；功能要求：符合设计要求		
联调联试项目名称			
系统集成单位名称			
联调联试配合单位名称			
接口测试结果	□合格　　□不合格		
说明			
集成项目经理签字		日期	
总监理工程师签字		日期	

4）与其他清算或支付系统接口检测，检测记录如表 1-12-10 所示。

表 1–12–10　与其他清算或支付系统接口检测记录表

接 口 要 求	技 术 标 准		
与其他清算或支付系统接口	接口界面：通信系统配线架；接口方式：符合设计要求；功能要求：符合设计要求		
联调联试项目名称			
系统集成单位名称			
联调联试配合单位名称			
接口测试结果	□合格　□不合格		
说明			
集成项目经理签字		日期	
总监理工程师签字		日期	

5）与动力、照明和装饰工程接口检测，检测记录如表 1–12–11 所示。

表 1–12–11　与动力、照明和装饰工程接口检测记录表

接 口 要 求	技 术 标 准		
动力系统给 AFC 系统提供独立的双回路自动切换配电柜	物理接口：分界点－配电柜馈出端；功能要求：一级负荷 50Hz、220V/380V 双回路自动切换，独立配电柜		
联调联试项目名称			
AFC 系统单位名称			
联调联试配合单位名称			
接口测试结果	□合格　□不合格		
说明			
集成项目经理签字		日期	
总监理工程师签字		日期	

（3）中央系统接入测试。

1）设计及接入原则：

① AFC 系统的设计符合自动售检票系统的标准规范，满足国家标准对自动售检票系统的通用技术要求。

②新增的车站 AFC 系统与已运营线路 AFC 系统应具有兼容性，包括业务流程、数据流向、操作界面、报表等所有内容。

2）车站接入要求：

①从 AFC 系统五层体系架构来看，车站计算机系统位于第三层，必须完整平滑地实现车站级控制层业务流程和数据流向。

②从系统业务功能层面看，车站接入必须实现接入车站和原有 AFC 系统功能的统一，这种统一在应用上表现为新增车站计算机系统数据报表格式和相关显示界面和原 AFC 系统相一致、实现“一票通”、交通卡优惠等全网业务。

③从系统管理层面看，车站计算机系统及车站终端设备必须纳入线路中央计算机系统进行统一管理，实现时钟同步以及节点配置等方面的规范和统一。

3）线路中央计算机系统：

①设备需先在线网 AFC 接入测试中心与 LC 或 MLC 或 ACC 测试系统、其他线路检测室测试系统、ACC 测试系统进行相关互联互通的测试，然后再通过车站本地的测试后，利用夜间停运时间与 LC 或 MLC 模拟测试服务器进行在线测试，测试通过后方可接入 LC 或 MLC 或 ACC。

②在接入 LC 或 MLC 或 ACC 前，应做好应急准备和预案，如数据的备份、线路中央计算机系统宕机的恢复方案、离线数据的采集准备等。

③接入线路中央计算机系统时间应选在夜间停运时，日期宜选在接入第二日不会出现大客流，如第二日要下载新参数，宜在接入当日停运前下载，此时应同时与 ACC 进行协调。

4）配合清分中心接入系统的实施步骤：

①接入测试：车站接入测试主机系统，完整地检验车站系统及设备业务功能和性能的实现，测试还包括和交通卡公司、城市轨道交通清分中心的测试联调。

②走票测试：进行走票测试，重点内容是检查交易流程记录的完整性、“一票通”功能和交通卡优惠测试。

③运营环境接入：清除车站测试参数，修改LC配置参数，并向轨道清分中心、交通卡公司提交新增车站相关参数；向车站和终端设备下发运营实际参数；车站系统重启，开始试运行。

5）AFC系统综合测试。

在完成车站计算机系统测试以及车站计算机系统与中央计算机系统之间的联调后，开始进行系统的测试。本项测试内容包括本系统内部循环测试，跨线路换乘测试和与外部系统接口测试。

（4）清分系统接入测试。

线路自动售检票系统在开发及系统安装测试完成后，需要接入轨道交通票务清分系统。这意味着线路AFC系统将在轨道交通票务清分中心的统一调度、管理下运行，线路AFC系统运行所遵循的相关技术标准、规范和管理必须符合轨道交通清分中心的相关规定和规范。

1）清分测试系统联网测试。

进行本线路中央计算机系统与清分系统联网测试。清分测试系统测试依次进行以下步骤：

①清分测试系统下发所有参数。

②中央计算机系统接收清分参数。

③中央计算机转发清分参数以及下发线路内部参数到车站计算机和车站终端设备。

④在半自动售票机发起交通卡充值授权请求，经网络传输到交通卡测试系统，交通卡测试系统给出应答，原路返回半自动

售票机，在半自动售票机上得到充值额度。

⑤在半自动售票机上对交通卡进行充值，检查充值额度使用情况。

⑥系统完成其他所有类型的交易、寄存器、状态等的测试。

⑦中央计算机系统将交易数据上传清分中心测试系统。

⑧清分测试系统将交通卡相关交易转发交通卡测试系统。

⑨清分系统进行日切、清分及对账。

⑩交通卡测试系统与清分系统对账。

⑪中央计算机系统接收清分系统下发的对账数据和清算数据。

在完成上述测试步骤后，检查测试结果，修正测出的问题后，即可软件定版，进入下一步的正式上线运行前的清分中心生产系统联调过程。

2）联合走票测试 。

在本联调过程中，完成本系统与其他运营中线路间的联合走票测试。线路联调过程依次进行如下：

①清分系统准备所有正式运营使用的参数。

②清分系统下发正式运营参数。

③中央计算机系统接收清分参数。

④中央计算机转发清分参数以及下发线路内部参数到车站计算机和车站终端设备。

⑤在本线和其他运营线路进行售票、进站和出站。

⑥为模拟全路网内一票换乘情况，在各线路间进行交叉走票测试，验证车票读写正确性、执行票种、票价表等参数的正确性，以及对各种异常（超程、超时、未进站、未出站、黑名单等）车票处理的正确性。

⑦上传交易数据到清分系统。

⑧清分系统与本线中央计算机系统对账。

在线联调成功完成后，系统即可正式上线试运营。

3）系统试运行。

①系统测试完毕后，应通过系统网管观察系统的工作状态，及时发现各种设备告警和功能告警，及时处理故障，确保系统的正常运行。

②系统试运行期间，必须对工程成品采取适当措施进行全面防护，使设备处于受控状态，保证系统的正常运行。

第十三章　单位工程观感质量

第一节　一般规定

13.1.1 《标准》引用

> **14.1　一般规定**
>
> **14.1.1**　单位工程现场的观感质量评定和验收，应按本标准附录 C 中表 C.0.4 的检查验收要求进行验收和记录。
>
> **14.1.2**　当观感质量评定检查项目不合格时，应进行整改或返修后重新验收。

实施建议：

1. 施工单位： 按《标准》中“14.1　一般规定”的要求进行逐项检查和记录。

2. 监理单位： 监理工程师按《标准》“14.1　一般规定”的要求逐项检查和记录。由建设单位组织监理单位、施工单位共同进行现场验收。综合验收结论由参加验收各方共同商定，建设单位填写，应对工程质量符合设计和《标准》要求及总体质量水平做出评价。

举例：

按《标准》附录 C 中表 C.0.1~ 表 C.0.4 的要求，填写单位工程质量验收记录表、单位工程质量控制资料核查记录表、单位工程安全和功能检验资料核查及主要功能抽查记录表、单位工程观感质量验收检查记录表，如表 1–13–1~ 表 1–13–4 所示。单位工程质量竣工验收记录表由施工单位填写，验收结论由监理（建设）单位填写。

表 1-13-1　单位工程质量验收记录

<table>
<tr><td colspan="2">单位工程名称</td><td colspan="6">________自动售检票（AFC）系统安装工程</td></tr>
<tr><td colspan="2">开工日期</td><td colspan="2">年　月　日</td><td colspan="2">竣工日期</td><td colspan="2">年　月　日</td></tr>
<tr><td colspan="2">施工单位</td><td colspan="2">________公司</td><td colspan="2">技术负责人</td><td colspan="2"></td></tr>
<tr><td colspan="2">项目经理</td><td></td><td>项目技术负责人</td><td></td><td colspan="2">项目质量负责人</td><td></td></tr>
<tr><td>序号</td><td>项目</td><td colspan="4">验收记录</td><td colspan="2">验收结论</td></tr>
<tr><td>1</td><td>分部工程</td><td colspan="4">共____分部，经查____分部符合标准及设计要求____分部</td><td colspan="2">合格</td></tr>
<tr><td>2</td><td>质量控制资料核查</td><td colspan="4">共__项，经审查符合要求___项，经核定符合标准要求____项</td><td colspan="2">合格</td></tr>
<tr><td>3</td><td>安全和主要使用功能核查及抽查结果</td><td colspan="4">共核查___项，符合要求___项，共抽查____项，符合要求____项，经返工处理符合要求____项</td><td colspan="2">合格</td></tr>
<tr><td>4</td><td>观感质量验收</td><td colspan="4">共检查___项，符合要求___项，不符合要求___项</td><td colspan="2">合格</td></tr>
<tr><td>5</td><td>综合验收结论</td><td colspan="6">合格，符合设计要求达到验收标准</td></tr>
<tr><td rowspan="2">验收单位</td><td>建设单位</td><td colspan="2">监理单位</td><td colspan="2">施工单位</td><td colspan="2">设计单位</td></tr>
<tr><td>（公章）
单位（项目）负责人：
年　月　日</td><td colspan="2">（公章）
总监理工程师：
年　月　日</td><td colspan="2">（公章）
单位负责人：
年　月　日</td><td colspan="2">（公章）
单位（项目）负责人：
年　月　日</td></tr>
</table>

表 1–13–2　单位工程质量控制资料核查记录

单位工程名称	________自动售检票（AFC）系统安装工程			
施工单位	________公司			
序号	资料名称	份数	核查意见	核查人
1	图纸会审、设计变更、洽商记录		齐全	
2	工程定位测量、放线记录		齐全	
3	原材料出厂合格证及进场检（试）验报告		齐全	
4	竣工测试报告		齐全	
5	成品及半成品出厂合格证或试验报告		齐全	
6	隐蔽工程验收记录		齐全	
7	施工记录		齐全	
8	工程质量事故及事故调查处理资料	0		
9	施工现场质量管理检查记录		齐全	
10	分项、分部工程质量验收记录		齐全	
11	新材料、新工艺施工记录	0		
…				
结论： 施工单位项目经理： 年　月　日			总监理工程师： （建设单位项目负责人） 年　月　日	

表 1-13-3　单位工程安全和功能检验资料核查及主要功能抽查记录

单位工程名称	______自动售检票（AFC）系统安装工程				
施工单位	______有限公司				
序号	安全和功能检查项目	份数	核查意见	抽查结果	核查（抽查）人
1	终端设备检测记录		符合验收标准	符合验收标准	
2	车站计算机系统检测记录		符合验收标准	符合验收标准	
3	中央计算机系统检测记录		符合验收标准	符合验收标准	
4	票务清分系统检测记录		符合验收标准	符合验收标准	
5	电源设备检测记录		符合验收标准	符合验收标准	
6	接地检测记录		符合验收标准	符合验收标准	
7	线缆区段性能检测记录		符合验收标准	符合验收标准	
8	第三方检测记录		符合验收标准	符合验收标准	
…					
结论： 施工单位项目经理： 年　月　日	总监理工程师： （建设单位项目负责人） 年　月　日				

注：其他检查项目由验收组协商确定。

表 1-13-4　单位工程观感质量检查记录

<table>
<tr><td colspan="2">单位工程名称</td><td colspan="4">________自动售检票（AFC）系统安装工程</td></tr>
<tr><td colspan="2">施工单位</td><td colspan="4">________公司</td></tr>
<tr><td rowspan="2">序号</td><td rowspan="2">项目名称</td><td rowspan="2">抽查质量状况</td><td colspan="3">质量评价</td></tr>
<tr><td>好</td><td>一般</td><td>差</td></tr>
<tr><td>1</td><td>槽道安装</td><td>线槽安装整齐、美观、稳定、牢固，槽道无渗水</td><td></td><td></td><td></td></tr>
<tr><td>2</td><td>电缆引入</td><td>电缆摆放整齐、接头引入美观、标签清楚</td><td></td><td></td><td></td></tr>
<tr><td>3</td><td>光缆引入</td><td>—</td><td></td><td></td><td></td></tr>
<tr><td>4</td><td>机房设备排列</td><td>设备布置整齐、标识清楚、配线牢固</td><td></td><td></td><td></td></tr>
<tr><td>5</td><td>机房机柜安装</td><td>设备布置整齐、标识清楚、配线牢固</td><td></td><td></td><td></td></tr>
<tr><td>6</td><td>设备安装</td><td>安装整齐、美观、稳定牢固</td><td></td><td></td><td></td></tr>
<tr><td>7</td><td>设备配线</td><td>设备配置整齐、绑扎牢固</td><td></td><td></td><td></td></tr>
<tr><td>8</td><td>配电柜安装</td><td>设备布置整齐、电源线布放整齐</td><td></td><td></td><td></td></tr>
<tr><td>9</td><td>UPS 安装</td><td>设备安装牢固、线绑扎整齐</td><td></td><td></td><td></td></tr>
<tr><td>10</td><td>电池柜安装</td><td>设备安装牢固、标识正确清楚</td><td></td><td></td><td></td></tr>
<tr><td>11</td><td>配电箱安装</td><td>设备安装牢固、线绑扎整齐</td><td></td><td></td><td></td></tr>
<tr><td>12</td><td>电源线布放</td><td>布线整齐、接头完整、绑扎整齐美观</td><td></td><td></td><td></td></tr>
<tr><td>13</td><td>接地线布放</td><td>布线顺直、标识清晰</td><td></td><td></td><td></td></tr>
<tr><td colspan="6">检查结论：
总监理工程师：
施工单位项目经理：　　（建设单位项目负责人）
年　月　日　　年　月　日</td></tr>
</table>

注：观感质量评定为“差”的项目应返修。

第二节　线缆管槽观感质量

13.2.1 《标准》引用

14.2　线缆管槽观感质量

Ⅰ　主 控 项 目

14.2.1　光缆、电缆管槽观感质量应符合下列规定：

1　光缆、电缆管槽盖上盖板后，地板应平整，不得有凹凸不平；

2　光缆、电缆管槽内的线缆布放应整齐、顺直，不得有交叉；

3　槽道里面不得有渗漏水；

4　光缆、电缆管槽检修口盖上盖板后，应保持地面平整，不得凹凸不平，且不应与其他设备有位置冲突，活动盖板与周围地面的缝隙不得大于 1mm。

检验数量：全部检查。

检验方法：观察检查。

Ⅱ　一 般 项 目

14.2.2　光缆、电缆引入观感质量应符合下列规定：

1　光缆、电缆引入应排列整齐、绑扎均匀一致；

2　光缆、电缆的成端应整齐美观；

3　电缆芯线编把应顺直、均匀、美观；

4　光缆尾纤盘留应整齐一致，绑扎应松紧适度；

5　线缆标签应清楚，信息应完整。

检验数量：全部检查。

检验方法：观察检查。

实施建议：

1. 施工单位：在安装施工过程中对照设计文件加强自检，质量员做好检查记录。

2. 监理单位：要求施工单位按《标准》“14.2　线缆管槽观感质量　Ⅰ　主控项目和Ⅱ　一般项目”及设计要求在施工过程中全部检查，并做好记录，监理工程师做好巡检和抽查，做好监理记录。

举例：

1. 按《标准》附录 B 中表 B.0.2 的要求，填写检验批质量验收记录表，如表 1–13–5 所示。检验批质量应由监理工程师（建设单位项目专业技术负责人）组织相关项目专业技术负责人进行验收。

表 1–13–5　检验批质量验收记录

<table>
<tr><td colspan="2">单位工程名称</td><td colspan="6">________自动售检票（AFC）系统安装工程</td></tr>
<tr><td colspan="2">分部工程名称</td><td colspan="6">单位工程观感质量</td></tr>
<tr><td colspan="2">分项工程名称</td><td colspan="3">线缆管槽
观感质量</td><td colspan="2">验收部位</td><td></td></tr>
<tr><td colspan="2">施工单位</td><td colspan="3">________公司</td><td colspan="2">项目经理</td><td></td></tr>
<tr><td colspan="2">施工质量验收
标准名称
及编号</td><td colspan="6">《城市轨道交通自动售检票系统工程质量验收标准》
GB/T 50381–2018</td></tr>
<tr><td colspan="4">施工质量验收标准的规定</td><td colspan="2">施工单位检查
评定记录</td><td colspan="2">监理（建设）
单位验收记录</td></tr>
<tr><td rowspan="2">主控
项目</td><td colspan="2">1</td><td>14.2.1</td><td colspan="2">合格</td><td colspan="2" rowspan="2">符合要求</td></tr>
<tr><td colspan="2">…</td><td></td><td colspan="2"></td></tr>
</table>

续表 1-13-5

<table>
<tr><td colspan="3">施工质量验收标准的规定</td><td>施工单位检查评定记录</td><td>监理（建设）单位验收记录</td></tr>
<tr><td rowspan="2">一般项目</td><td>1</td><td>14.2.2</td><td>合格</td><td rowspan="2">符合要求</td></tr>
<tr><td>…</td><td></td><td></td></tr>
<tr><td>施工单位检查评定结果</td><td colspan="4">项目专业质量检查员：　　　　年　月　日</td></tr>
<tr><td>监理（建设）单位验收结论</td><td colspan="4">监理工程师：
（建设单位项目专业技术负责人）　　　　年　月　日</td></tr>
</table>

2. 按《标准》附录 B 中表 B.0.3 的要求，填写分项工程质量验收记录表，如表 1-13-6 所示。分项工程质量应由监理工程师（建设单位项目专业技术负责人）组织相关项目专业技术负责人进行验收。

表 1-13-6　分项工程质量验收记录

<table>
<tr><td colspan="2">单位工程名称</td><td colspan="4">______自动售检票（AFC）系统安装工程</td></tr>
<tr><td colspan="2">分部工程名称</td><td colspan="2">单位工程观感质量</td><td>检验批数</td><td>____个站</td></tr>
<tr><td colspan="2">施工单位</td><td>____公司</td><td>项目经理</td><td>项目技术负责人</td><td></td></tr>
<tr><td>序号</td><td>检验批部位</td><td colspan="2">施工单位检查评定结果</td><td colspan="2">监理（建设）单位验收结论</td></tr>
<tr><td>1</td><td>______站</td><td colspan="2">合格</td><td colspan="2">符合要求</td></tr>
</table>

续表 1–13–6

<table>
<tr><th>序号</th><th>检验批部位</th><th>施工单位检查
评定结果</th><th>监理（建设）
单位验收结论</th></tr>
<tr><td>2</td><td>______站</td><td>合格</td><td>符合要求</td></tr>
<tr><td>3</td><td>______站</td><td>合格</td><td>符合要求</td></tr>
<tr><td>4</td><td>______站</td><td>合格</td><td>符合要求</td></tr>
<tr><td>…</td><td></td><td></td><td></td></tr>
<tr><td colspan="4">说明：</td></tr>
<tr><td colspan="2">施工单位
检查结论</td><td colspan="2">分项工程技术负责人：　　年　月　日</td></tr>
<tr><td colspan="2">监理（建设）
单位验收
结论</td><td colspan="2">监理工程师：
（建设单位项目技术负责人）　　年　月　日</td></tr>
</table>

第三节　设备和配线观感质量

13.3.1 《标准》引用

> **14.3　设备和配线观感质量**
>
> Ⅰ　主 控 项 目
>
> **14.3.1**　机房设备排列观感质量应符合下列规定：
>
> **1**　机房内设备应排列整齐；
>
> **2**　设备间距应满足设计要求。
>
> 检验数量：全部检查。
>
> 检验方法：观察检查。
>
> **14.3.2**　机房机柜安装观感质量应符合下列规定：
>
> **1**　安装应平直、稳固、不晃动；
>
> **2**　机柜内设备布放应整齐、美观；
>
> **3**　机柜表面应平整、柜内无杂物。
>
> 检验数量：全部检查。
>
> 检验方法：观察检查。
>
> **14.3.3**　设备安装观感质量应符合下列规定：
>
> **1**　设备应安装稳固、无晃动；
>
> **2**　设备安装应排列整齐、美观，设备标识应清晰；
>
> **3**　设备表面应漆饰完好、无明显损伤；
>
> **4**　设备开启后，设备上的显示和按钮操作应正常；
>
> **5**　端子编号、用途标牌及其他标识应完整无缺，书写应正确、清楚。
>
> 检验数量：全部检查。
>
> 检验方法：观察检查。
>
> **14.3.4**　设备配线观感质量应符合下列规定：
>
> **1**　配线架内、机架内以及机架间的配线应整齐、美观，出线角度应圆润、无交叉；

2 配线端子上的配线应紧固、无松动、无假接、无虚接，接头点应圆润、美观；

3 对绞电缆、光缆及其他信号线缆应分束绑扎，并应整齐、美观。

检验数量：全部检查。

检验方法：观察检查。

14.3.5 配电柜、不间断电源柜、电池柜、配电箱等电源设备表面应无明显损伤、漆饰完好，安装应垂直平整、布局合理，并应与其他设备协调一致、预留操作空间，各种电源设备铭牌应清晰、正确。

检验数量：全部检查。

检验方法：观察检查。

Ⅱ 一 般 项 目

14.3.6 电源与接地线应布放顺直、无交叉；线缆绑扎应规范、标识清晰完整；线槽、保护管应排列整齐、美观。

检验数量：全部检查。

检验方法：观察检查。

实施建议：

1. 施工单位：在安装施工过程对照设计文件加强自检，质量员做好检查记录。

2. 监理单位：要求施工单位按《标准》“14.3 设备和配线观感质量”及设计要求在施工过程中全部检查，一般项目由施工单位全部自检，并做好记录，监理做好巡检和抽查，并做好监理记录。

举例：

1. 按《标准》附录 B 中表 B.0.2 的要求，填写检验批质量验收记录表，如表 1-13-7 所示。检验批质量应由监理工程师（建设单位项目专业技术负责人）组织相关项目专业技术负责人进行验收。

表 1-13-7　检验批质量验收记录

<table>
<tr><td colspan="2">单位工程名称</td><td colspan="4">______自动售检票（AFC）系统安装工程</td></tr>
<tr><td colspan="2">分部工程名称</td><td colspan="4">单位工程观感质量</td></tr>
<tr><td colspan="2">分项工程名称</td><td colspan="2">设备和配线观感质量</td><td>验收部位</td><td></td></tr>
<tr><td colspan="2">施工单位</td><td colspan="2">______公司</td><td>项目经理</td><td></td></tr>
<tr><td colspan="2">施工质量验收标准名称及编号</td><td colspan="4">《城市轨道交通自动售检票系统工程质量验收标准》GB/T 50381-2018</td></tr>
<tr><td colspan="3">施工质量验收标准的规定</td><td>施工单位检查评定记录</td><td colspan="2">监理（建设）单位验收记录</td></tr>
<tr><td rowspan="5">主控项目</td><td>1</td><td>14.3.1</td><td>合格</td><td colspan="2" rowspan="5">符合要求</td></tr>
<tr><td>2</td><td>14.3.2</td><td>合格</td></tr>
<tr><td>3</td><td>14.3.3</td><td>合格</td></tr>
<tr><td>4</td><td>14.3.4</td><td>合格</td></tr>
<tr><td>5</td><td>14.3.5</td><td>合格</td></tr>
<tr><td rowspan="2">一般项目</td><td>1</td><td>14.3.6</td><td>合格</td><td colspan="2" rowspan="2">符合要求</td></tr>
<tr><td>…</td><td></td><td></td></tr>
<tr><td colspan="2">施工单位检查评定结果</td><td colspan="4">项目专业质量检查员：　　　　年　月　日</td></tr>
<tr><td colspan="2">监理（建设）单位验收结论</td><td colspan="4">监理工程师：
（建设单位项目专业技术负责人）　　　　年　月　日</td></tr>
</table>

2. 分项工程质量应由监理工程师（建设单位项目专业技术负责人）组织相关项目专业技术负责人进行验收，按《标准》附录 B 中表 B.0.3 的要求进行记录。

第二篇　设备与系统专用要求

第一章　自动售票机

第一节　概　　述

自动售票机是自动售检票系统车站终端设备之一，是用于自助发售、赋值有效车票，具备自动处理支付和找零功能的设备。自动售票机的工程质量验收主要包括：施工准备、设备安装与接线、设备检测及施工质量等。

第二节　施 工 准 备

1.2.1　施工前检查

根据自动售检票系统工程的设计要求，监理和施工单位必须对本车站的自动售票机进行施工前核对和检查，必须完全符合设备技术条件和工程采购合同的要求。检查的内容包括下列各项：

1．数量。

2．型号。

3．规格。

4．设备的外观。

5．包装。

6．随机文件应包括：产品使用说明书，合格证，装箱清单，技术文件，非金属材料阻燃、无毒、无卤证明材料等。

7．出厂编号、箱号或合同号。

8．装箱日期。

9．出厂的相关技术资料，对随机资料及设备所附的配件（钥匙、票盒等）应妥善保管，防止丢失和混淆。

1.2.2　安装现场检查

安装现场检查时下列各项应符合设计要求：

1．安装位置。

2．留有足够的检修通道。

3．预埋管线的出线口尺寸、数量、位置。

4．远期预留管线和位置。

5．墙面、地面及吊顶（若有）应装饰完毕。

6．安装作业现场应畅通干净，地面无积水、无积灰、无垃圾。

7．预埋管槽畅通、清洁，无积水。

8．安装现场应有隔离防护措施，防止设备、部件等的损坏与缺失。

9．设备运行环境（温度和湿度等）应符合设备技术条件的要求。

第三节　设备的搬运、接线与安装

1.3.1　搬运

1．使用专用的交通运输和搬运设备或工具（如叉车），并且由专业人员或经过培训的人员进行操作，使用工具前必须检查工具是否正常。

2．自动售票机搬运时必须安装在运输底座上，要多人一起进行，其中一个负责操纵、移动运输工具，另一人负责稳定机器、助力、排除路上障碍等。

3．利用搬运工具移动机器时要保持匀速前进，不能过快，建议速度小于 30m/min，特别在转弯时要减速慢行，以免发生危险，另外由于机器较重，搬运时机器离地高度最好保持在 100mm 以内，最高不超过 200mm，以防止机器过高发生危险。

4．搬运过程中遇到高度不在同一平面但必须升高机器高度时，在搬过该阶段后应立即降低其高度。

1.3.2　连接线检查

连接线检查应符合以下要求：

1．穿管出线口保护应符合设计要求。

2．线缆（包括电源线、网络线及控制线）完好。

3．预留尾线长度足够。

4．线缆标识清楚。

5．有施工完成的质量检测监理记录。

1.3.3　设备安装

设备安装应符合以下要求：

1．根据设备设计尺寸测量出自动售票机的最小安装与维护尺寸，并满足设计中预留出客户操作距离、维修维护距离、前后/左右设备间隔距离等要求。

2．机器的安装点尽量远离排水口或漏水口。

3．机器必须安装在牢固坚硬的地板上，地板必须满足机器重量荷载要求，以防止安装机器后出现地板下陷倾斜现象，并且要考虑机器运行时会产生一定的振动效应（如果机器被安装在楼层时，应尽可能安放在楼层的柱子和横梁附近）。

4．设备安装应选择合格的锚栓及固定方法安装售票机机体，并检查其安装是否牢固，设备不得摇晃。

5．设备安装后的垂直度与水平度应符合设备技术条件要求，对于并排安装的设备，要检查其整齐性。

6．接线人员应有合格的上岗资质，接线工艺符合相关标准要求。

7．安装过程中，保持设备的平稳，自动售票机最大倾斜角小于或等于 20°。

8．检查设备内部各部件有无松动。

9．在自动售票机安装前，必须对设备安装位置的地面进行清理，按照设备安装要求对地面打孔、安装固定螺栓，在安装底座时必须先将地面的灰尘、垃圾清洁干净，然后安装底座，底座安装好后首先对底座进行物理测试，整齐度和水平度必须要调整到位，并且螺丝必须要压紧，否则在设备的重压下垂直度会发生偏差，安装完成后再一次将底座四周进行清洁，半小时后在设备底座与地面接触的四周打上防水胶，且无灰尘；打完后密贴，且无气孔。

第四节 设 备 检 测

1.4.1 安全性

安全性应符合表 2–1–1 及以下要求：

表 2–1–1 安全检测表

序号	测试项	执 行 操 作	预 期 结 果
1	电器安全性	设备上电，测自动售票机的电气接地性能和电气绝缘性能	电气接地性能符合现行国家标准《信息技术设备 安全 第1部分：通用要求》GB 4943.1 中 2.6 的要求； 电气绝缘性能符合现行国家标准《信息技术设备 安全 第1部分：通用要求》GB 4943.1 中 2.9 的要求
2	门安全性	打开操作或维修门，超时输入身份识别码和操作密码	到达设计要求的超时时间后，设备将报警并将报警信息上传车站计算机
3		输入身份识别码和操作密码	确认有效后，报警清除，状态为门打开
4	钱箱安全性	打开操作或维修门，不输入身份识别码和操作密码，直接取出纸币钱箱或硬币钱箱	设备将报警并将报警信息上传车站计算机； 钱箱为锁闭状态，需有钱箱钥匙才能打开

1．安装完成后的自动售票机应检查机体的安装牢固性、电气接地连续性、接地可靠性和电气绝缘性，应符合现行国家标准《信息技术设备　安全　第 1 部分：通用要求》GB 4943.1 中 2.6 和 2.9 的要求。

2．自动售票机开门时应进行安全识别检测，应有输入身份识别码和操作密码的时间限制，并有超时报警，同时上传至车站计算机。

3．自动售票机的硬币钱箱和纸币钱箱应带有安全锁装置，从自动售票机非法取出钱箱时，自动售票机报警，同时上传至车站计算机。

1.4.2　配置

检查自动售票机的配置部件，应符合产品配置要求。

1.4.3　上电

安装完成后应按照设备操作要求进行单机上电，进行基本功能自诊断和电池充电等，检查和测量设备的外接电源，电压值应符合设备要求，以使设备具备连入系统工作的性能，应符合表 2–1–2 的要求。

表 2–1–2　单机上电检查表

序号	测试项	执行操作	预期结果
1	设备上电	设备上电，测量输入电源及内部各种供电电压	符合现行国家标准《城市轨道交通自动售检票系统技术条件》GB/T 20907 中第 6.2.3 条的要求； 设备工作电压为单相交流供电： AC220 ×（1+10%）V ～ 220V ×（1–15%）V，50 ×（1 ± 4%）Hz

续表 2-1-2

序号	测试项	执行操作	预期结果
2	设备上电	检查设备外接电源接地情况，并测量接地电压	设备接地线良好，可参考测量以下指标： 零线与相线间电压为 220V； 接地电阻值不超过 1Ω
3		观察设备运行状况	设备正常启动； 设备各模块工作正常
4		关闭电源，设备关闭	设备正常关闭

1.4.4 联网

联网检查应符合以下要求：

1. 通信线缆长度应符合设计要求，并且应尽量避免经过强磁场和电场处。

2. 安装完成后应按照设备操作要求进行网络对接，进行系统连通测试和设备网络地址验证等，保证设备达到连入系统工作的条件。

1.4.5 单机测试

1. 基本检测应符合表 2-1-3 及以下要求：

（1）检验设备正常启动并处于“正常服务”工作状态。

（2）发售有效车票，密钥安全性检查。

（3）检测售票速度。

（4）检验乘客显示器、运营状态显示器的显示信息正确。

表 2-1-3 单机测试表

序号	测试项	执行操作	预期结果
1	设备启动	开启设备电源，启动自动售票机	设备正常启动
2	设备显示	检查乘客显示器显示内容	乘客显示器显示内容符合设计要求
3		检查运营状态显示器显示内容	运营状态显示器显示内容符合设计要求
4	售票速度检测	发售一张单程票，检测车票发售速度	单张车票发售时间符合现行国家标准《城市轨道交通自动售检票系统技术条件》GB/T 20907 中 6.3.2.2 的要求：不应超过 3 秒
5	密钥安全性	在半自动售票机上对自动售票机发售的车票进行分析	车票正常，密钥安全性检查正常
6		进站检票	可以进站，车票处理符合设计要求
7		出站检票	可以出站，车票处理符合设计要求

2. 售票功能检测应符合表 2-1-4 及以下要求：

（1）具备自动接受硬币、纸币、储值卡、信用卡、互联网支付等一种或数种支付方式，并具备硬币找零或纸币找零的功能。

（2）选择票种、张数以后，乘客显示器应显示相应的收费金额。

（3）乘客显示器应实时显示乘客投入金额或需投入的金额，当投币金额大于或等于所需车费时，开始发售车票并找零应符合设计要求。

表 2–1–4　售票功能检测表

序号	测试项	执行操作	预期结果
1	测试准备	在自动售票机中放置足够的找零纸币、找零硬币和准备发售的车票； 准备足够的用于支付的纸币、硬币、储值卡、信用卡等	测试设备工作正常
2	硬币购票	选择购买 3 元车票 2 张	乘客显示器显示： 张数：2 张； 单价：3 元； 总金额：6 元； 硬币投币口和纸币投币口均打开； 有声光提示乘客投币
3		逐枚投入 1 元硬币 6 枚	乘客显示器逐枚显示投入累计金额； 当投入累计金额达到 6 元时，硬币投币口关闭
4		乘客确认购买，自动售票机开始发售车票	自动售票机连续出票 2 张； 售票完成后有声光提示乘客取出车票
5	纸币购票并找零	选择购买 5 元车票 3 张	乘客显示器显示： 张数：3 张； 单价：5 元； 总金额：15 元； 硬币投币口和纸币投币口均打开； 有声光提示乘客投币

续表 2-1-4

序号	测试项	执行操作	预期结果
6	纸币购票并找零	投入 20 元纸币 1 张	乘客显示器显示投入累计金额 20 元，找零金额 5 元； 纸币投币口和硬币投币口关闭
7		乘客确认购买，自动售票机开始发售车票并找零	自动售票机连续出票 3 张； 找零符合设计要求，金额正确； 售票完成后有声光提示乘客取出车票和找零
8	纸币和硬币同时购票	选择购买 4 元车票 2 张	乘客显示器显示： 张数：2 张； 单价：4 元； 总金额：8 元； 硬币投币口和纸币投币口均打开； 有声光提示乘客投币
9		投入 5 元纸币 1 张	乘客显示器显示投入累计金额 5 元； 纸币投币口和硬币投币口不关闭
10		逐枚投入 1 元硬币 3 枚	乘客显示器显示投入累计金额 8 元； 纸币投币口和硬币投币口关闭
11		乘客确认购买，自动售票机开始发售车票	自动售票机连续出票 2 张； 售票完成后有声光提示乘客取出车票

（4）无效操作可通过不同声响或在乘客显示器上有明确提示显示。

（5）出票口、退币口及找零口有车票、硬币或纸币时，应有明显的声音提示和指示灯指示；

（6）车票处理模块应能一次性发售单张或多张车票。

（7）车票及找零宜进入同一个出票 / 找零处，并应有声光提示。

3．硬币处理模块测试应符合表 2–1–5 及以下要求：

表 2–1–5　硬币处理模块测试表

序号	测试项	执行操作	预期结果
1	测试准备	准备设计要求可接受的各面值硬币若干枚； 准备硬币假币或类硬币若干枚	可接受硬币种类的数量符合设计要求
2	硬币接收	反复投入设计要求可接受的硬币进行购票操作	硬币识别率符合设计要求； 硬币暂存器的容量符合设计要求。
3		使用硬币假币或类硬币进行购票操作	假币拒绝率符合设计要求； 无法识别的硬币全部由硬币退币口退出
4	硬币找零	检查硬币找零器的规格说明书，按照找零器最大容量补充找零硬币	找零硬币的种类及每种硬币的存币量符合设计要求
5		投入超额的纸币进行购票操作	硬币找零符合设计要求

续表 2-1-5

序号	测试项	执行操作	预期结果
6	硬币投币口检测	将自动售票机设置为暂停服务模式，查看硬币投币口	硬币投币口关闭
7		关闭自动售票机，查看硬币投币口	

（1）硬币处理模块可接受硬币种类的参数设置。

（2）可接受硬币种类的数量符合设计要求。

（3）硬币真币接收率和假币拒绝率符合设计要求，无法识别的硬币给予退币处理。

（4）找零硬币的种类及每种硬币的存币量符合设计要求。

（5）硬币暂存器的容量符合设计要求。

（6）硬币找零器的容量符合设计要求。

（7）暂停服务或关闭时，投币口应关闭。

4．纸币处理模块测试应符合表 2-1-6 及以下要求：

（1）纸币处理模块可接受纸币种类的参数设置。

（2）可接受纸币种类的数量符合设计要求。

（3）纸币真币检测准确率和假币拒绝率符合设计要求，无法识别的纸币给予退币处理。

（4）找零纸币的种类及每种纸币的存币量符合设计要求。

（5）纸币暂存器的容量符合设计要求。

（6）自动售票机暂停接收纸币、暂停服务或关闭时，投币口关闭。

表 2–1–6　纸币处理模块测试表

序号	测试项	执行操作	预期结果
1	测试准备	准备设计要求可接受的各面值纸币若干； 准备各面值纸币假币或类纸币若干	可接受纸币种类的数量符合设计要求
2	纸币接收	依次投入设计要求可接受的各面额纸币进行购票操作	真币检测准确率符合设计要求； 纸币识别时间符合设计要求
3		使用设计要求可接受的小面额纸币进行大金额购票	纸币暂存器的容量符合设计要求
4		使用各面额纸币假币或类纸币进行购票操作	假币拒绝率符合设计要求； 无法识别的纸币全部由纸币退币口退出
5	纸币找零	检查纸币找零器的规格说明书，按照找零器最大容量补充找零纸币	找零纸币的种类及每种纸币的存币量符合设计要求
6		投入超额的纸币进行购票操作	纸币找零符合设计要求
7	纸币投币口检测	将自动售票机设置为暂停服务模式，查看纸币投币口	纸币投币口关闭
8		设置为只接收硬币模式，查看纸币投币口	
9		关闭自动售票机，查看纸币投币口	

5. 钱箱功能测试应符合表 2–1–7 及以下要求：

表 2–1–7 钱箱功能测试表

序号	测试项	执行操作	预期结果
1	测试准备	准备足够的硬币和纸币	测试设备工作正常
2	钱箱电子身份检测	通过自动售票机操作面板，检测所有纸币钱箱和硬币钱箱的电子身份 ID	所有电子钱箱电子身份 ID 识别正确
3	钱箱容量检测	按照设计要求，在纸币钱箱中放入最大容量数的纸币	可以放入，纸币钱箱的存币容量符合设计要求
4		按照设计要求，在硬币钱箱中放入最大容量数的硬币	可以放入，硬币钱箱的存币容量符合设计要求
5	钱箱安全锁检测	检查硬币钱箱和纸币钱箱安全锁	有安全锁，钱箱取出后，必须使用钱箱钥匙打开钱箱锁，才能再次将钱箱放入钱箱支架
6	取走钱箱	从设备内取出纸币钱箱和硬币钱箱	乘客显示器和运用状态显示器均显示暂停服务； 纸币投币口和硬币投币口关闭

（1）钱箱的钱币存放容量符合设计要求。

（2）监测钱箱内钱币“将满”及“满”的状态（在联机测试中测试）。

（3）当钱箱的状态信息发生变化时，将立即上传至车站计算机（在联机测试中测试）。

（4）钱箱具有电子身份识别功能。

（5）钱箱带有安全锁装置，从自动售票机取走钱箱时，设备将暂停服务。

1.4.6 联机测试

1. 自动售票机与车站计算机的通信检测应符合表 2–1–8 及以下要求：

表 2–1–8 自动售票机与车站计算机的通信检测表

序号	测试项	执行操作	预期结果
1	设备地址码	检查和验证设备地址码	设备地址码正确； 所有自动售票机与车站计算机网络连通
2	与车站计算机连接	查看设备参数	设备参数与车站计算机同步
		查看设备日期和时间	日期及时间与车站计算机同步
3	设备监控及状态显示	通过车站计算机查看设备状态显示	车站计算机显示设备实时状态与设备本机状态一致
4		在自动售票机本机上改变运行状态	状态信息的上传时间符合设计要求
5		通过车站计算机的控制，改变自动售票机运行状态	自动售票机响应时间符合设计要求； 状态信息的上传时间符合设计要求
6	交易上传及查询	在车站计算机上查询自动售票机交易记录	自动售票机交易记录上传至车站计算机及时、准确； 车站计算机可查询到所有自动售票机的交易记录

（1）检查和验证设备地址码。

（2）向车站计算机上传车票处理交易、设备运行状态等数据，接收车站计算机或线路中央计算机下传的命令、票价表、黑名单及其他参数等数据，并应对版本控制参数执行自动生效处理。

（3）检查和验证自动售票机的交易记录。状态信息上传至车站计算机应及时准确。

2. 自动售票机操作模式测试。

自动售票机应能自动切换或通过车站计算机参数设置多种操作模式，并应符合表 2–1–9 的要求。

表 2–1–9　自动售票机操作模式测试表

序号	测试项	执 行 操 作	预 期 结 果
1	正常服务模式	在自动售票机进行补充找零硬币或找零纸币、补充车票等操作，使设备处于正常服务状态	运用状态显示器提示：正常服务
2	找零 / 无找零模式	将自动售票机设置为无找零模式	运用状态显示器提示：无找零
3		进行购票操作，投入超额纸币	乘客显示器提示：投币金额超限，本机无找零； 纸币原币退回
4		进行购票操作，投入等额纸币或硬币	购票成功
5	只收硬币模式	将自动售票机设置为只收硬币模式	运用状态显示器提示：只收硬币
6		进行购票操作，投入纸币	纸币投币口不打开，乘客显示器提示： 本机只收硬币，请用硬币购买

续表 2-1-9

序号	测试项	执行操作	预期结果
7	只收硬币模式	进行购票操作，投入硬币	购票成功
8	只收纸币模式	将自动售票机设置为只收纸币模式	运用状态显示器提示：只收纸币
9		进行购票操作，投入硬币	硬币投币口不打开，乘客显示器提示：本机只收纸币，请用纸币购买
10		进行购票操作，投入纸币	购票成功，找零成功
11	只收纸币且无找零模式	将自动售票机设置为只收纸币且无找零模式	运用状态显示器提示：只收纸币，无找零
12		进行购票操作，投入硬币	硬币投币口不打开，乘客显示器提示：本机只收纸币，请用纸币购买
13		进行购票操作，投入超额纸币	乘客显示器提示：投币金额超限，本机无找零； 纸币原币退回
14		进行购票操作，投入等额纸币	购票成功
15	暂停服务模式	将自动售票机设置为暂停服务模式	运营状态显示器提示：暂停服务； 乘客界面禁止操作； 纸币投币口和硬币投币口关闭
16	关闭服务模式	将自动售票机设置为关闭服务模式	运营状态显示器提示：停止服务； 乘客显示器关闭； 纸币投币口和硬币投币口关闭

3．异常状态测试应符合表 2–1–10 及以下要求：

表 2–1–10　异常状态测试表

序号	测试项	执行操作	预期结果
1	测试准备	准备足够的硬币、纸币； 在自动售票机内装入足够的车票、找零硬币和纸币； 清空纸币和硬币钱箱	设备处于正常服务模式
2	车票阻塞	在车票发售机构内，人为将车票的通路阻塞，但自动售票机仍处在“正常运行”状态，进行购票	车票将被阻塞，无法售出，该设备将车票阻塞的故障信息上传至车站计算机，设备自动切换至暂停服务模式
		排除阻塞故障，复位发售模块	设备恢复正常服务模式
3	纸币阻塞	在纸币模块内，人为将纸币的通路阻塞，但自动售票机仍处在“正常运行”状态，投入纸币进行购票	纸币将被阻塞，无法售票，该设备将纸币阻塞的故障信息上传至车站计算机，设备自动切换至只收硬币模式
4		排除阻塞故障，复位纸币模块	设备恢复正常服务模式
5	硬币阻塞	在硬币模块内，人为将硬币的通路阻塞，但自动售票机仍处在“正常运行”状态，投入硬币进行购票	硬币将被阻塞，无法售票，该设备将硬币阻塞的故障信息上传至车站计算机，设备自动切换至只收纸币模式
6		排除阻塞故障，复位硬币模块	设备恢复正常服务模式

续表 2-1-10

序号	测试项	执行操作	预期结果
7	硬币钱箱将满、已满	继续购票操作，只使用硬币，直至硬币钱箱满	设备在硬币钱箱将满时有提示信息并上传至车站计算机，此时设备仍处于正常服务模式； 设备在硬币钱箱满时有提示信息并上传至车站计算机，此时设备自动切换至只收纸币模式
8	找零器将空、已空	继续购票操作，每次尽量多地找零，直至找零器空	设备在找零器将空时有提示信息并上传至车站计算机，此时设备仍处于只收纸币模式； 设备在找零器已空时有提示信息并上传至车站计算机，此时设备自动切换至只收纸币且无找零模式
9	纸币钱箱将满、已满	继续进行购票操作，每次尽量多地投入纸币，直至纸币钱箱满	设备在纸币钱箱将满时有提示信息并上传至车站计算机，此时设备仍处于只收纸币且无找零模式； 设备在纸币钱箱已满时有提示信息并上传至车站计算机，此时设备自动切换至暂停服务模式

续表 2-1-10

序号	测试项	执行操作	预期结果
10	更换钱箱	进行更换硬币钱箱操作	硬币钱箱可正确更换； 更换完成后，自动售票机自动切换至只收硬币模式； 车站计算机上显示硬币钱箱状态已恢复正常
11		进行更换纸币钱箱操作	纸币钱箱可正确更换； 更换完成后，自动售票机自动切换至无找零模式； 车站计算机上显示纸币钱箱状态已恢复正常
12	补充找零硬币、纸币	进行补充找零硬币、纸币操作	可正确补充找零硬币、纸币； 补充完成后，自动售票机自动切换至正常服务模式； 车站计算机上显示找零器状态已恢复正常
13	票箱将空、已空	继续进行购票操作，直至票箱空	设备在票箱将空时有提示信息，并上传至车站计算机，该自动售票机仍然处在正常服务模式； 设备在票箱已空时有提示信息，并上传至车站计算机，自动售票机自动切换至暂停服务模式

续表 2–1–10

序号	测试项	执行操作	预期结果
14	更换票箱	进行更换票箱操作	可以正常更换票箱；更换后，自动售票机自动切换至正常服务模式；车站计算机上显示自动售票机票箱状态已恢复正常
15	离线操作	断开一台自动售票机的网络连接	该设备使用状态正常，车站计算机显示与该设备通信中断
16		在该断网的自动售票机上进行车票处理	本机功能全部正常；车站计算机上查不到断网后该自动售票机的交易记录
17		恢复设备网络连接	该设备使用状态正常，车站计算机显示与该设备通信恢复正常；断网后的交易记录自动上传至车站计算机，并且可以在车站计算机上查询到

（1）验证车票阻塞时，自动售票机的处理能力。

（2）验证回收票箱将空、已空时，钱箱将满、已满时，找零器将空、已空时自动售票机的处理能力。

（3）验证设备在离线（网络断开）状态下的功能。

第五节　施 工 记 录

施工过程的阶段性完成情况和监理见证认可等应有完整的记录文件。

第六节　交 收 清 单

完成施工安装后，按照要求应有包含配件、设置、标识和网络组合等内容完整的安装完工交收清单。

第二章　半自动售票机

第一节　概　述

半自动售（补）票机也称人工售补票机，是自动售检票系统车站终端设备之一，用于人工辅助发售、赋值有效车票，是具备补票、退票、查询、更新等票务处理功能的设备。半自动售（补）票机的工程质量验收主要包括：施工准备、设备安装与接线、设备检测及施工质量等。

第二节　施 工 准 备

2.2.1　施工前检查

根据自动售检票系统工程的设计要求，监理和施工单位必须对本车站的半自动售（补）票机进行施工前核对和检查，必须完全符合设备技术条件和工程采购合同的要求。检查的内容包括下列各项：

1. 数量。

2. 型号。

3. 规格。

4. 设备的外观。

5. 包装。

6. 随机文件应包括：产品使用说明书，合格证，装箱清单，技术文件，非金属材料阻燃、无毒、无卤证明材料等。

7. 出厂编号、箱号或合同号。

8. 装箱日期。

9. 出厂的相关技术资料，对随机资料及设备所附的配件，应妥善保管，防止丢失和混淆。

2.2.2　安装现场检查

安装现场检查时下列各项应符合设计要求：

1．安装位置。

2．预埋管线的出线口尺寸、数量、位置。

3．远期预留管线和位置。

4．票亭及客服中心应装饰完毕。

5．安装作业现场应畅通干净，地面无积水、无积灰、无垃圾。

6．预埋管槽畅通、清洁，无积水。

7．安装现场应有隔离防护措施，防止设备、部件等的损坏与缺失。

8．设备运行环境（温度和湿度等）应符合设备技术条件的要求。

第三节　设备接线与安装

2.3.1　连接线检查

连接线检查应符合以下要求：

1．穿管出线口保护应符合设计要求。

2．线缆（包括电源线、网络线及控制线）完好。

3．预留尾线长度足够。

4．线缆标识清楚。

5．有施工完成的质量检测监理记录。

2.3.2　设备安装

接线人员应有合格的上岗资质，接线工艺符合相关标准要求。

第四节　设 备 检 测

2.4.1　安全性

安全性应符合以下要求：

1．安装完成后应检查机体的安装牢固性能、电气接地连续性、接地可靠性和电气绝缘性能，票房若采用金属材料，需检查外壳是否可靠接地，应符合现行国家标准《信息技术设备　安全　第 1 部分：通用要求》GB 4943.1 中 2.6 和 2.9 的要求。

2．具有权限登录功能，记录所有人员的登录及退出数据，当操作员班次结束时，自动生成班次报告。

3．具备相应的安全措施，防止非法侵入。

2.4.2　配置

检查半自动售票机的配置部件，应符合产品配置要求。

2.4.3　上电

安装完成后应按照设备操作要求进行单机上电，进行基本功能自诊断，检查和测量设备的外接电源，电压值应符合设备要求，以使设备具备连入系统工作的性能，应符合表 2–2–1 的要求。

表 2–2–1　单机上电检查表

序号	测试项	执行操作	预期结果
1	设备上电	设备上电，测量输入电源及内部各种供电电压	符合现行国家标准《城市轨道交通自动售检票系统技术条件》GB/T 20907 中第 6.2.3 条的要求； 设备工作电压为单相交流供电： AC220×（1+10%）V ～ 220V×（1–15%）V，50×（1±4%）Hz

续表 2-2-1

序号	测试项	执行操作	预期结果
2	设备上电	检查设备外接电源接地情况，并测量接地电压	设备接地线良好，可参考测量以下指标： 零线与相线间电压为 220V； 接地电阻值不超过 1Ω
3		观察设备运行状况	设备正常启动； 设备各模块工作正常
4		关闭电源，设备关闭	设备正常关闭

2.4.4 联网

联网检查应符合以下要求：

1. 通信线缆长度应符合设计要求，并且应尽量避免经过强磁场和电场处。

2. 安装完成后应按照设备操作要求进行网络对接，进行系统连通测试和设备网络地址验证等，保证设备达到连入系统工作的条件。

2.4.5 单机测试

1. 基本检测应符合表 2-2-2 及以下要求：

（1）检验设备正常启动并处于“正常服务”工作状态。

（2）检验操作员权限及班次记录功能。

（3）检验操作显示器、乘客显示器的显示信息正确。

（4）检测车票处理速度。

表 2-2-2　单机测试表

序号	测试项	执 行 操 作	预 期 结 果
1	设备启动	开启设备电源	设备正常启动
2	设备显示	检查操作显示器显示内容	操作显示器显示操作员登录界面
3		检查乘客显示器显示内容	乘客显示器显示“暂停服务”等信息
4	操作员登录	在登录界面输入操作员 ID 和密码，进行登录	可以成功登录； 操作显示器显示操作界面； 乘客显示器显示正常服务等信息
5	车票处理速度检测	发售一张单程票，检测车票发售速度	单张车票发售速度不应超过 3 秒
6		在半自动售票机的桌面读写机具上对一张储值卡进行充值，检测车票处理速度	单张车票处理速度符合现行国家标准《城市轨道交通自动售检票系统技术条件》GB/T 20907 中 6.3.1.2 的要求：应小于 1 秒
7		使用半自动售票机的自动出票功能，检测车票处理速度	车票处理速度符合设计要求
8	操作员签退	在操作员班次结束时，进行操作员签退	可以成功签退； 操作显示器显示操作员登录界面； 乘客显示器显示暂停服务等信息； 打印机打印操作员登录、退出数据，以及本班次的班次报告

2．车票分析应符合表 2–2–3 的要求。

表 2–2–3　车票分析表

序号	测试项	执行操作	预期结果
1	车票准备	一张正常发售的单程票； 一张正常储值卡； 一张进站未出站的储值卡； 一张黑名单车票； 一张非正式密钥的测试票； 一张未初始化车票； 一张超程的单程票； 一张超时的单程票	测试设备工作正常
2	车票分析	使用一张非正式密钥的测试票，在半自动售票机上进行分析	操作显示器界面显示车票非法等密钥安全性提示
3		使用一张正常发售的单程票，在非付费区的半自动售票机上进行分析	操作显示器界面显示： 车票进出站次序：正常； 车票已初始化； 车票最后一次交易类型、地点、时间； 车票余值； 车票有效期； 车票最后一次更新信息等
4		使用一张正常发售的单程票或一张正常储值卡，在付费区的半自动售票机上进行分析（无进站信息）	操作显示器界面显示： 车票进出站次序：错误； 车票已初始化； 车票最后一次交易类型、地点、时间； 车票余值； 车票有效期； 车票最后一次更新信息等

续表 2–2–3

序号	测试项	执行操作	预期结果
5	车票分析	使用一张正常储值卡，在非付费区的半自动售票机上进行分析	操作显示器界面显示： 车票进出站次序：正常； 车票已初始化； 车票最后一次交易类型、地点、时间； 车票余值； 车票有效期； 车票最后一次更新信息等
6		使用一张进站未出站的储值卡，在非付费区的半自动售票机上进行分析（无出站信息）	操作显示器界面显示： 车票进出站次序：错误； 车票已初始化； 车票最后一次交易类型、地点、时间； 车票余值； 车票有效期； 车票最后一次更新信息等
7		使用一张黑名单车票，在半自动售票机上进行分析	操作显示器界面显示黑名单车票等信息
8		使用一张未初始化的车票，在半自动售票机上进行分析	操作显示器界面显示车票未初始化等信息
9		使用一张超程的单程票，在付费区半自动售票机上进行分析	操作显示器界面显示车票超程并补票等信息
10		使用一张超时的单程票，在付费区半自动售票机上进行分析	操作显示器界面显示车票超时并补票等信息

3．车票发售、充值应符合表2–2–4的要求。

表2–2–4 车票发售、充值检查表

序号	测试项	执行操作	预期结果
1	车票发售	根据设计的发售车票步骤发售一张单程票	赋值前，操作显示器应显示将发售车票的类型、金额等相关信息，乘客显示器应显示将发售车票的金额等相关信息； 赋值后，操作显示器及乘客显示器显示将发售车票赋值后的金额； 发售模块正确发售出一张单程票
2	车票充值	根据设计的车票充值步骤为一张储值卡充值	充值前，操作显示器及乘客显示器显示车票的余值； 充值后，操作显示器及乘客显示器显示车票的新余值，打印机打印充值信息凭证； 充值失败，操作显示器显示失败信息并发出声音提示

4．车票补票、退票与更新应符合表2–2–5及以下要求：

（1）半自动售票机应对下列情况的车票进行补票与更新处理：

1）进出站次序错误。

2）超时。

3）超乘。

4）无票进站。

（2）半自动售票机应能够对一卡通、一票通车票进行退票处理。

（3）车票更新应符合下列规定：

表 2–2–5　车票补票、退票与更新检查表

序号	测试项	操作执行	预期结果
1	车票补票与更新	使用一张进出站次序错误且不能进站的单程票或一卡通车票，根据设计的车票补票与更新步骤在非付费区的半自动售票机上，对该车票进行补票与更新	补票与更新成功，该车票可正常进站
2		使用一张进出站次序错误且不能出站的单程票或一卡通车票，根据设计的车票补票与更新步骤在付费区的半自动售票机上，对该车票进行补票	补票与更新成功，该车票可正常出站
3		使用一张超时的单程票，根据设计的车票补票步骤在付费区的半自动售票机上对该车票进行补票与更新	补票与更新成功，该车票可正常出站
4		使用一张超乘的单程票，根据设计的车票补票步骤在付费区的半自动售票机上，对该车票进行补票与更新	补票与更新成功，该车票可正常出站
5		对无票进站不能出站的乘客，根据设计的车票补票步骤在付费区的半自动售票机上发售出站票	出站票发售成功，该车票可正常出站
6	车票退票	在半自动售票机上发售一张任意票价的单程票，根据设计的车票退票步骤对该车票进行退票操作	退票成功，该车票余额显示为 0
7		使用一张一卡通车票，根据设计的车票退票步骤在半自动售票机上对该车票进行退票操作	退票成功，该车票余额显示为 0

1）若车票存在两种或两种以上需同时更新的项目，则对每项更新处理进行确认。

2）进行更新处理时，半自动售票机更新车票的进出站状态、时间及车费更新标志等编码信息。

3）更新时有车票记录日期。

4）车票的可更新次数限制符合设计要求。

5）黑名单或未初始化的无效车票不得予以更新。

6）操作显示器应显示车票的分析结果、历史交易数据及车票状态。

7）乘客显示器应显示车票的分析结果、余值。

5. 车票更新应符合下列规定：

（1）若车票存在两种或两种以上需同时更新的项目，则对每项更新处理进行确认。

（2）进行更新处理时，半自动售票机更新车票的进出站状态、时间及车费更新标志等编码信息。

（3）更新时有车票记录日期。

（4）车票的可更新次数限制符合设计要求。

（5）黑名单或未初始化的无效车票不得予以更新。

（6）操作显示器应显示车票的分析结果、历史交易数据及车票状态。

（7）乘客显示器应显示车票的分析结果、余值。

6. 互联网票务客户终端（如有）。

互联网票务客户终端主要用于二维码、银行卡等互联网车票的客服处理，包括用户行程查询、行程补登、行程撤销、代打凭证功能，应符合表 2-2-6 的要求，并具有以下基本功能：

（1）互联网票务客户终端应能查询互联网用户行程信息。

（2）互联网票务客户终端应能对互联网车票进行客服行程补登处理。

（3）互联网票务客户终端应能对互联网车票进行退票处理。

（4）互联网票务客户终端应能代申请出站凭证。

表 2-2-6　互联网票务客户终端检查表

序号	测试项	执行操作	预期结果
1	用户行程查询	输入乘客给出的乘车凭证信息 输入查询开始日期和结束日期	显示查询时间段内乘客的进站信息、出站信息
2	行程补登	输入乘客给出的乘车凭证信息 列出需补登的行程信息 对进站信息进行补登	补登成功
3	互联网车票退票（客服行程撤销）	输入乘客给出的乘车凭证信息 列出用户当前行程信息 撤销已进站（已出站）信息	退票成功，取消冻结金额
4	代申请出站凭证	输入乘客给出的乘车凭证信息 列出用户当前行程信息（已完成进站） 打印出站凭证码	出站凭证码打印成功，该码可正常出站

2.4.6　联机测试

1. 半自动售票机与车站计算机的通信检测应符合表 2-2-7 及以下要求：

（1）检查和验证设备地址码。

（2）检查和验证车站计算机下发至半自动售票机的信息参数应准确及时，并可对设备进行监控。

（3）检查和验证半自动售票机的交易记录，状态信息上传至车站计算机应及时准确。

表 2-2-7　半自动售票机与车站计算机的通信检测表

序号	测试项	执行操作	预期结果
1	设备地址码	检查和验证设备地址码	设备地址码正确； 所有半自动售票机与车站计算机网络连通
2	与车站计算机连接	查看设备参数	设备参数与车站计算机同步
		查看设备日期和时间	日期及时间与车站计算机同步
3	设备监控及状态显示	通过车站计算机查看设备状态显示	车站计算机显示设备实时状态与设备本机状态一致
4	交易上传及查询	在车站计算机上查询半自动售票机交易记录	半自动售票机交易记录上传至车站计算机及时、准确； 车站计算机可查询到所有半自动售票机的交易记录

2. 异常状态检测应符合表 2-2-8 及以下要求：

（1）验证车票阻塞时，半自动售票机的处理能力。

（2）验证回收票箱将空、空时，半自动售票机的处理能力。

（3）验证设备在离线（网络断开）状态下的功能。

表 2-2-8　异常状态检测表

序号	测试项	执行操作	预期结果
1	车票阻塞	在车票发售机构内，人为将车票的通路阻塞，但半自动售票机仍处在“正常运行”状态，发售单程票	车票将被阻塞，无法发售出来，该设备将车票阻塞的故障信息上传至车站计算机，操作显示器显示车票阻塞信息，乘客显示器显示暂停服务信息

续表 2-2-8

序号	测试项	执行操作	预期结果
1	车票阻塞	排除阻塞故障，复位后设备又回到“正常运行”状态，发售单程票	设备一切正常
2	票箱将空	根据系统设计要求，在发售票箱内装入少量的单程票，反复做发售处理	设备将提示票箱将空信息，并上传至车站计算机，该半自动售票机仍然处在正常运行状态
3	票箱空	继续发售单程票，直至票箱已空	设备将提示票箱空信息，并上传至车站计算机，车票发售将自动转至备用票箱，该半自动售票机仍然处在正常运行状态
4		继续发售单程票，直至备用票箱已空	设备将提示票箱空信息，并上传至车站计算机，该半自动售票机将不能进行发售车票操作，但是仍然可以对车票进行其他处理
5	更换票箱	操作员根据设计的操作步骤，进行更换票箱操作	可以正常更换票箱； 更换后，半自动售票机可以继续发售单程票； 车站计算机上显示半自动售票机票箱状态已恢复正常
6	离线操作	断开一台半自动售票机的网络连接	该设备使用状态正常，车站计算机显示与该设备通信中断

续表 2-2-8

序号	测试项	执行操作	预期结果
7	离线操作	在该断网的半自动售票机上进行车票处理	本机功能全部正常； 车站计算机上查不到断网后该半自动售票机的交易记录
8		恢复设备网络连接	该设备使用状态正常，车站计算机显示与该设备通信恢复正常； 断网后的交易记录自动上传至车站计算机，并且可以在车站计算机上查询到

第五节 施工检验记录

施工过程的阶段性完成情况和监理见证认可等应有完整的记录文件。

第六节 交收清单

完成施工安装后的半自动售票机，按照单机和车站系统的要求，应有包含配件、设置、标识和网络组合等内容完整的安装完工交收清单。

第三章　自动检票机

第一节　概　　述

检票机是自动售检票系统车站终端设备之一，用于对车票进行检验和处理，并放行或阻挡乘客出入付费区。按其用途一般可分单向进站检票机、单向出站检票机、双向进出站检票机和端头箱。检票机的工程质量验收主要包括：施工准备、设备安装与接线、设备检测及施工质量等。

第二节　施 工 准 备

3.2.1　施工前检查

根据自动售检票系统工程的设计要求，监理和施工单位必须对本车站的检票机进行施工前核对和检查，必须完全符合设备技术条件和工程采购合同的要求。检查的内容包括下列各项：

1. 数量。
2. 型号。
3. 规格。
4. 设备的外观。
5. 标牌、标贴印字内容。
6. 包装。
7. 随机文件应包括：产品使用说明书，合格证，装箱清单，技术文件，非金属材料阻燃、无毒、无卤证明材料等。
8. 出厂编号、箱号或合同号。
9. 装箱日期。
10. 出厂的相关技术资料，对随机资料及设备所附的配件

（钥匙、票盒等）应妥善保管，防止丢失和混淆。

11．线缆及接插头。

3.2.2 安装现场检查

安装现场检查时下列各项应符合设计要求：

1．安装位置。

2．检票通道宽度尺寸。

3．预埋管线的出线口尺寸、数量、位置。

4．远期预留管线和位置。

5．墙面、地面及吊顶（若有）应装饰完毕。

6．安装作业现场应畅通干净，地面无积水、无积灰、无垃圾。

7．预埋管槽畅通、清洁，无积水。

8．安装现场应有隔离防护措施，防止设备、部件等的损坏与缺失。

9．设备运行环境（温度和湿度等）应符合设备技术条件的要求。

第三节 设备接线与安装

3.3.1 连接线检查

连接线检查应符合以下要求：

1．穿管出线口保护应符合设计要求。

2．线缆（包括电源线、网络线及控制线）完好，线缆走线扎线简洁、整齐，与其他组件无干涉、无压线等现象。

3．预留尾线长度足够。

4．线缆标识清楚。

5．有施工完成的质量检测监理记录。

3.3.2 设备安装

设备安装应选择合格的锚栓及固定方法安装检票机机体。

对构成检票通道的检票机组，应保证检票机本体与检票机机组的垂直与水平对准，其精度应符合设计要求。

接线人员应有合格的上岗资质，接线工艺符合相关标准要求。

第四节 设 备 检 测

3.4.1 安全性

安全性应符合以下要求：

1. 安装完成后的自动检票机应检查机体的安装牢固性、电气接地连续性、接地可靠性和电气绝缘性，应符合现行国家标准《信息技术设备 安全 第1部分：通用要求》GB 4943.1 中 2.6 和 2.9 的要求。

2. 当乘客通过自动检票机时，应确保乘客安全。

3. 当乘客携带符合规定的行李通过门式自动检票机时，应确保安全通过。

3.4.2 配置

检查自动检票机的配置部件，应符合产品配置要求。

3.4.3 机械功能检测

安装完成后的自动检票机在断电状态下进行基本的机械功能检测，应符合表 2–3–1 的要求。

3.4.4 上电

安装完成后的自动检票机应按照设备操作要求进行单机上电，进行基本功能自诊断和电池充电等，检查和测量设备的外接电源，电压值应符合设备要求，以使设备具备连入系统工作的性能，应符合表 2–3–2 的要求。

表 2-3-1 机械功能检测表

序号	执行操作	预期结果
1	闸机门和可拆卸盖板评估	在设备断电的情况下，进行以下内容检测： 1. 检查本地和远程闸机的闸机门，可以用提供的钥匙锁住和打开； 2. 闸机门能够自由开合； 3. 可拆卸盖板能够被打开、装回
2	CSC 盖板	1. CSC 盖板装置能够固定在完全打开位置； 2. 放下闭锁装置，盖板能够闭合； 3. 处于关闭位置，CSC 盖板应被锁住； 4. CSC 盖板只能从闸机内部松开锁
3	方向指示器	方向指示器的玻璃盖应固定在闸机上
4	驱动机构	1. 扇门处于闭合状态时，其外部边缘凸起与闸机外表面距离不应超过 3mm; 2. 扇门处于开启状态时，观察扇门与闸机之间的缝隙：上方不应超过 6mm，左边、右边与下方不应超过 4mm

表 2-3-2 上电检查表

序号	测试项	执行操作	预期结果
1	设备上电	设备上电，测量输入电源及内部各种供电电压	符合现行国家标准《城市轨道交通自动售检票系统技术条件》GB/T 20907 中第 6.2.3 条的要求； 设备工作电压为单相交流供电： AC220×(1+10%)V ~ 220V×(1−15%)V，50×（1±4%）Hz
2		检查设备外接电源接地情况并测量接地电压	设备接地线良好，可参考测量以下指标： 零线与相线间电压为 220V； 接地电阻值不超过 1Ω

续表 2–3–2

序号	测试项	执行操作	预期结果
3	设备上电	观察设备运行状况	设备正常启动； 方向指示器显示正常； 乘客显示器显示正常； 可读取有效车票； 闸门处于关闭状态
4		关闭电源，设备关闭	方向指示器熄灭； 乘客显示器无显示； 无法读取任何车票； 闸门处于打开状态； 设备正常关闭

3.4.5 联网

联网检查应符合以下要求：

1. 通信线缆长度应符合设计要求，并且应尽量避免经过强磁场和强电场处。

2. 安装完成后应按照设备操作要求进行网络对接，进行系统连通测试和设备网络地址验证等，保证设备达到连入系统工作的条件。

3.4.6 单机测试

1. 基本检测应符合表 2–3–3 及以下要求：

（1）检查设备能正常启动并能进入正常工作状态。

（2）检查乘客显示器、方向指示器等显示设备显示正常。

（3）检查出入导向装置显示正常。

（4）检测读写机具与车票（包含虚拟车票）的感应距离。

（5）检测单张车票回收处理速度。

表 2-3-3　单机测试表

序号	测试项	执行操作	预期结果
1	设备启动	开启设备电源，启动自动检票机	测试设备工作正常
2	设备显示	检查自动检票机两端的方向显示标志	自动检票机入口和出口的允许通行和禁止通行标志均显示正确
3		检查自动检票机进站端和出站端乘客显示器的显示信息	乘客显示器正确显示自动检票机设备状态信息
4	出入导向显示	检查安装于自动检票机上方的出入导向显示装置	出入导向显示装置的显示与方向指示器的显示一致
5	读写机具与车票的感应距离	分别使用单程票、储值卡、虚拟票等检票机所要求具备的所有票种，在自动检票机读写机具上检测读写机具与车票的感应距离和响应时间	感应距离符合现行国家标准《城市轨道交通自动售检票系统技术条件》GB/T 20907 中第 6.2.6 条的要求： 最大读写距离：卡片型车票不应小于 60mm，筹码型车票不应小于 40mm； 单张车票响应时间符合现行国家标准《城市轨道交通自动售检票系统技术条件》GB/T 20907 中第 6.4.2 条的要求：不超过 0.3 秒
6	车票回收速度	使用单程票进行出站回收操作，检查单张车票回收速度	单张车票回收速度符合现行国家标准《城市轨道交通自动售检票系统技术条件》GB/T 20907 中第 6.4.2 条的要求：不超过 0.5 秒
7	闸门打开时间	测量闸门打开时间（检查车票为有效后）	闸门打开时间符合现行国家标准《城市轨道交通自动售检票系统技术条件》GB/T 20907 中第 6.4.2 条的要求：不超过 0.5 秒

2．进站检测应符合表2–3–4及以下要求：

（1）检测自动检票机在使用正常车票进站时的通行控制能力和信息提示功能。

（2）检测自动检票机在使用异常车票进站时的通行控制能力和信息提示功能。

（3）检测自动检票机在异常操作进站时的处理能力。

表2–3–4　进站检测表

序号	测试项	执行操作	预期结果
1	测试准备	准备有效的单程票、储值卡、员工票若干张； 准备无效的单程票、储值卡、员工票若干张	测试设备工作正常
2	正常车票进站	使用一张有效单程票进站； 使用一张有效储值卡进站； 使用一张有效员工票进站； 使用一张有效虚拟票进站	进站读写机具正常读写车票； 进站端乘客显示器显示请通过信息； 闸门打开并安全通过一人次后关闭； 双向闸机在进站时，出站端乘客显示器显示对方通行信息，出站端方向显示器与出入导向显示装置均显示禁止通行标志； 乘客通过后，乘客显示器恢复正常服务画面，双向闸机出站端方向显示器与出入导向显示装置均恢复允许通行标志

续表 2-3-4

序号	测试项	执行操作	预期结果
3	正常车票进站	乘客携带行李持有效车票进站； 特殊乘客使用轮椅持有效车票进站； 特殊乘客携带婴儿推车持有效车票进站	进站读写机具正常读写车票； 进站端乘客显示器显示请通过信息； 闸门打开并安全通过一人次乘客及其所携带的物品后关闭，闸门关门不碰撞乘客和乘客所带物品； 双向闸机在进站时，出站端乘客显示器显示对方通行信息，出站端方向显示器与出入导向显示装置均显示禁止通行标志； 乘客通过后，乘客显示器恢复正常服务画面，双向闸机出站端方向显示器与出入导向显示装置均恢复允许通行标志
4		连续使用三张有效车票进站	进站读写机具连续读写三张有效车票； 进站端乘客显示器显示请通过信息； 闸门打开并连续通过三人次后关闭； 双向闸机在进站时，出站端乘客显示器显示对方通行信息，出站端方向显示器与出入导向显示装置均显示禁止通行标志； 乘客连续通过三人次后，乘客显示器恢复正常服务画面，双向闸机出站端方向显示器与出入导向显示装置均恢复允许通行标志

续表 2-3-4

序号	测试项	执行操作	预期结果
5	异常车票进站	依次使用一张过期的单程票、储值卡、虚拟票、员工票进站	无法准予进站，闸门不打开； 进站端乘客显示器显示车票无效，请去票务处理信息； 闸机对无效车票做出声光提示
6		依次使用一张黑名单单程票、储值卡、虚拟票、员工票进站	自动检票机对黑名单车票的处理符合设计要求
7	异常操作进站	同一张单程票、储值卡、分别连续在进站端使用 2 次	第一次使用时闸门打开，乘客显示器、方向指示器与正常车票进站时显示相同，乘客通过后闸门关闭； 第二次使用时，乘客显示器显示请去票务处理信息并有声光提示，闸门不打开
8		同一张员工票连续在进站端使用 2 次	员工票的处理符合设计要求
9		未使用车票进站	无法准予进站，闸门不打开； 闸机对闯闸乘客做出声光提示
10		同时使用多张车票置于进站读写机具进站	处理符合设计要求

3．出站检测应符合表 2–3–5 及以下要求：

表 2–3–5　出站检测表

序号	测试项	执行操作	预期结果
1	测试准备	准备有效的单程票、储值卡、员工票、出站票若干张； 准备无效的单程票、储值卡、员工票、出站票若干张	测试设备工作正常
2	正常车票出站	使用一张已进站的正常单程票出站	车票正常回收，符合设计要求； 出站端乘客显示器显示车票状态信息； 闸门打开并安全通过一人次后关闭； 双向闸机在出站时，进站端乘客显示器显示对方通行信息，进站端方向显示器与出入导向显示装置均显示禁止通行标志
3		使用一张已进站的正常储值卡出站	出站端乘客显示器显示扣除金额、车票余额等信息； 闸门打开并安全通过一人次后关闭； 双向闸机在出站时，进站端乘客显示器显示对方通行信息，进站端方向显示器与出入导向显示装置均显示禁止通行标志

续表 2-3-5

序号	测试项	执行操作	预 期 结 果
4	正常车票出站	使用一张已进站的正常员工票出站	员工票处理符合设计要求
5		使用一张正常的免费 / 付费出站票出站	使用时符合设计要求
6		乘客携带行李持已进站有效车票出站； 特殊乘客使用轮椅持已进站有效车票出站； 特殊乘客携带婴儿推车持已进站有效车票出站	出站检票机按要求正常处理车票，出站端乘客显示器按要求显示相关信息； 闸门打开并安全通过一人次乘客及其所携带的物品后关闭，闸门关门不碰撞乘客和乘客所带物品； 双向闸机在出站时，进站端乘客显示器显示对方通行信息，进站端方向显示器与出入导向显示装置均显示禁止通行标志
7		连续使用三张有效车票出站	出站检票机按要求正常处理车票，出站端乘客显示器按要求显示相关信息； 闸门打开并连续通过三人次后关闭； 双向闸机在出站时，进站端乘客显示器显示对方通行信息，进站端方向显示器与出入导向显示装置均显示禁止通行标志； 乘客连续通过三人次后，乘客显示器恢复正常服务画面，双向闸机出站端方向显示器与出入导向显示装置均恢复允许通行标志

续表 2-3-5

序号	测试项	执行操作	预期结果
8	异常车票出站	使用一张正常进站，但超过许可乘用时间的车票出站	单程票、出站票：票务处理符合设计要求； 储值卡：超时扣费处理符合设计要求
9		使用一张正常进站，但车票余额不足的车票出站	单程票、出站票：票务处理符合设计要求； 储值卡：充值处理符合设计要求
10		使用一张已出站的车票出站	单程票：闸门不打开，请到票务处理； 储值卡：闸门不打开，请到票务处理
11		使用一张未进站的车票出站	单程票：闸门不打开，请到票务处理； 储值卡：闸门不打开，请到票务处理； 员工票：处理符合设计要求
12		使用一张黑名单车票出站	处理符合设计要求
13	异常操作出站	同一张储值卡连续在出站端使用 2 次	第一次使用时，闸门打开，乘客通过后闸门关闭； 第二次使用时，乘客显示器显示请去票务处理信息并有声光提示，闸门不打开
14		同一张员工票连续在出站端使用 2 次	员工票的处理符合设计要求
15		未使用车票出站	无法准予出站，闸门不打开； 闸机对闯闸乘客做出声光提示
16		同时使用多张车票置于出站读写机具出站	处理符合设计要求

（1）检测自动检票机在使用正常车票出站时的通行控制能力和信息提示功能。

（2）检测自动检票机在使用异常车票出站时的通行控制能力

和信息提示功能。

（3）检测自动检票机在异常操作出站时的处理能力。

3.4.7 联机测试

1. 自动检票机与车站计算机的通信检测应符合表 2–3–6 及以下要求：

表 2–3–6 自动检票机与车站计算机的通信检测表

序号	测试项	执行操作	预期结果
1	设备地址码	检查和验证设备地址码	设备地址码正确； 所有自动检票机与车站计算机网络连通
2	与车站计算机连接	查看设备参数	设备参数与车站计算机同步
		查看设备日期和时间	日期及时间与车站计算机同步
3	设备监控及状态显示	通过车站计算机查看设备状态显示	车站计算机显示设备实时状态与设备本机状态一致
4		通过车站计算机对设备进行开关控制	设备的开关状态受车站计算机控制； 控制及时，设备状态返回速度符合设计要求
5	交易上传及查询	在车站计算机上查询自动检票机交易记录	进、出站交易记录上传至车站计算机及时、准确； 车站计算机可查询到所有进、出站交易记录

（1）检查和验证设备地址码。

（2）检查和验证车站计算机下发至自动检票机的信息参数应准确及时，并可对设备进行监控。

（3）检查和验证自动检票机的交易记录，状态信息上传至车站计算机应及时准确。

2．在紧急模式下，自动检票机应符合表 2–3–7 的要求。

表 2–3–7　紧急模式测试表

序号	测试项	执 行 操 作	预 期 结 果
1	紧急模式启动	启动车站紧急按钮，或者在车站计算机上下发紧急模式	所有自动检票机闸门立即打开并处于常开状态； 所有自动检票机进站端均显示禁止进站标志，出站端显示允许出站标志； 乘客可以不使用车票迅速通过自动检票机出站
2	紧急模式解除	解除车站紧急按钮，或者在车站计算机上恢复车站为正常模式	所有自动检票机闸门立即关闭； 所有方向指示器和导向标志恢复正常； 在紧急模式时使用过的车票再次使用时，处理符合设计要求

3．异常状态检测应符合表 2–3–8 及以下要求：

表 2–3–8　异常状态检测表

序号	测试项	执 行 操 作	预 期 结 果
1	供电中断	在处理车票过程中将该设备供电切除	闸门释放，检票机完成最后一笔交易后，保持在打开的状态，并记录最后一笔交易数据
2	车票阻塞（出站检票机）	在车票回收机构内，人为将车票的通路阻塞，但检票机仍处在“正常运行”状态，使用单程票	车票将被阻塞，无法入票箱，该设备将车票阻塞的故障信息上传至车站计算机，车票回收口关闭，乘客显示器提示禁止投入车票，但储值卡等不回收的车票可以继续使用

续表 2-3-8

序号	测试项	执 行 操 作	预 期 结 果
2	车票阻塞（出站检票机）	排除阻塞故障，复位后设备又回到“正常运行”状态，使用单程票	设备一切正常
3	票箱将满（出站检票机）	根据系统设计要求，在回收票箱和备用票箱内，预先放置一定数量的车票，继续使用单程票，反复做出站处理	设备将提示票箱将满信息，并上传至车站计算机，该检票机仍然处在正常运行状态
4	票箱满（出站检票机）	继续使用单程票，反复做出站处理，直至票箱已满	设备将提示票箱满信息，并上传至车站计算机，车票回收将自动转入备用票箱，该检票机仍然处在正常运行状态
5		继续使用单程票，反复做出站处理，直至备用票箱已满	设备将提示票箱满信息，并上传至车站计算机，车票回收口关闭，乘客显示器提示禁止投入车票，但储值卡等不回收的车票可以继续使用
6	更换票箱（出站检票机）	操作员打开自动检票机维修门，输入身份验证信息，进行更换票箱操作	可以正常更换票箱； 更换后，自动检票机回收口打开，单程票等需回收的车票可以使用； 车站计算机上显示自动检票机票箱状态已恢复正常

续表 2-3-8

序号	测试项	执行操作	预期结果
7	离线操作	断开一台自动检票机的网络连接	该设备使用状态正常，车站计算机显示与该设备通信中断
8		在该断网的自动检票机上使用车票	本机功能全部正常； 车站计算机上查不到断网后该自动检票机的交易记录
9		恢复设备网络连接	该设备使用状态正常，车站计算机显示与该设备通信正常； 断网后的交易记录自动上传至车站计算机，并且可以在车站计算机上查询到

（1）验证交易遇到电源中断时，自动检票机的处理能力。

（2）验证车票阻塞时，自动检票机的处理能力。

（3）验证回收票箱将满、满时，自动检票机的处理能力。

（4）验证设备在离线（网络断开）状态下的功能。

第五节　施工检测记录

施工过程的阶段性完成情况和监理见证认可等应有完整的记录文件。

第六节　交收清单

完成施工安装后的检票机，按照单机、检票通道组合和车站系统的要求，应有包含配件、设置、标识和网络组合等内容完整的安装完工交收清单。

第四章　自动充值机、自动验票机、便携式验票机

第一节　概　述

自动充值机、自动验票机、便携式验票机都是自动售检票系统车站终端设备之一。自动充值机是用于对储值卡进行自助充值的设备，自动验票机是用于对所有车票进行自助验票的设备，都安装在非付费区，便携式验票机是车站操作员随身携带的验票设备。自动充值机、自动验票机、便携式验票机的工程质量验收主要包括：施工准备、设备安装与接线、设备检测及施工质量等。

第二节　施工准备

4.2.1　施工前检查

根据自动售检票系统工程的设计要求，监理和施工单位必须对本车站的自动充值机、自动验票机、便携式验票机进行施工前核对和检查，必须完全符合设备技术条件和工程采购合同的要求。检查的内容包括下列各项：

1．数量。

2．型号。

3．规格。

4．设备的外观。

5．包装。

6．随机文件应包括：产品使用说明书，合格证，装箱清单，技术文件，非金属材料阻燃、无毒、无卤证明材料等。

7．出厂编号、箱号或合同号。

8．装箱日期。

9．出厂的相关技术资料，对随机资料及设备所附的配件（钥匙、票盒等）应妥善保管，防止丢失和混淆。

4.2.2　安装现场检查

安装现场检查时下列各项应符合设计要求：

1．安装位置。

2．留有足够的检修通道。

3．预埋管线的出线口尺寸、数量、位置。

4．远期预留管线和位置。

5．墙面、地面及吊顶（若有）应装饰完毕。

6．安装作业现场应畅通干净，地面无积水、无积灰、无垃圾。

7．预埋管槽畅通、清洁，无积水。

8．安装现场应有隔离防护措施，防止设备、部件等的损坏与缺失。

9．设备运行环境（温度和湿度等）应符合设备技术条件的要求。

第三节　设备的搬运、接线与安装

参考本篇第一章第三节“设备的搬运、接线与安装”相关内容。

第四节　设 备 检 测

4.4.1　安全性

安全性应符合表 2–4–1 及以下要求：

1．安装完成后的自动充值机、自动验票机应检查机体的安装牢固性、电气接地连续性、接地可靠性和电气绝缘性，应符合现行国家标准《信息技术设备　安全　第 1 部分：通用要求》GB 4943.1 中 2.6 和 2.9 的要求。

表 2–4–1　安全性检查表

序号	测试项	执行操作	预期结果
1	电器安全性	设备上电，检测自动充值机、自动验票机的电气接地性和电气绝缘性	电气接地性符合现行国家标准《信息技术设备　安全　第1部分：通用要求》GB 4943.1 中 2.6 的要求； 电气绝缘性符合现行国家标准《信息技术设备　安全　第1部分：通用要求》GB 4943.1 中 2.9 的要求
2	门安全性	打开自动充值机操作或维修门，超时输入身份识别码和操作密码	到达设计要求的超时时间后，设备将报警并将报警信息上传车站计算机
3		输入身份识别码和操作密码	确认有效后，报警清除，状态为门打开
4	钱箱安全性	打开自动充值机操作或维修门，不输入身份识别码和操作密码，直接取出钱箱	设备将报警并将报警信息上传车站计算机； 钱箱为锁闭状态，需有钱箱钥匙才能打开； 输入身份识别码和操作密码并得到验证后报警解除

2. 自动充值机开门时应进行安全识别检测，应有输入身份识别码和操作密码的时间限制，并有超时报警，同时上传至车站计算机。

3. 自动充值机的钱箱应带有安全锁装置，装卸钱箱时应通过身份密码指令验证，记录相应信息，并上传至车站计算机。

4.4.2 配置

检查自动充值机、自动验票机、便携式验票机的配置部件，应符合产品配置要求。

4.4.3 上电

安装完成后应按照设备操作要求进行单机上电，进行基本功能自诊断和电池充电等，检查和测量设备的外接电源，电压值应符合设备要求，以使设备具备连入系统工作的性能，应符合表 2–4–2 的要求。

表 2–4–2 单机上电检查表

序号	测试项	执行操作	预期结果
1	自动充值机、自动验票机上电	设备上电，测量输入电源及内部各种供电电压	符合现行国家标准《城市轨道交通自动售检票系统技术条件》GB/T 20907 中第 6.2.3 条的要求； 设备工作电压为单相交流供电： AC220×（1+10%）V ~ 220V×（1–15%）V，50×（1±4%）Hz
2		检查设备外接电源接地情况，并测量接地电压	设备接地线良好，可参考测量以下指标： 零线与相线间电压为 220V； 接地电阻值不超过 1Ω
3		观察设备运行状况	设备正常启动； 设备各模块工作正常
4		关闭电源，设备关闭	设备正常关闭
5	便携式验票机上电	装入电池，开启便携式验票机	正常开启
6		为便携式验票机电池充电	可正常充电

4.4.4 联网

联网检查应符合以下要求：

1．通信线缆长度应符合设计要求，并且应尽量避免经过强磁场和电场处。

2．安装完成后应按照设备操作要求进行网络对接，进行系统连通测试和设备网络地址验证等，保证设备达到连入系统工作的条件。

4.4.5 单机测试

1．自动充值机基本功能检测应符合表 2–4–3 及以下要求：

表 2–4–3　自动充值机基本功能检测表

序号	测试项	执行操作	预期结果
1	测试准备	准备一张正常的储值卡； 准备一张无效的储值卡	测试设备工作正常
2	自助充值	点击充值，插入一张正常储值卡	乘客显示器显示车票的车票号、票内余额、有效期、卡状态以及最近几次消费交易等信息； 纸币投币口打开
3		投入纸币，进行充值	纸币识别率符合设计要求； 乘客显示器显示投入的充值金额
4		乘客确认充值	充值成功； 打印机打印充值凭证
5		点击充值，插入一张无效储值卡	乘客显示器提示车票无效，请去票务处理等信息； 储值卡被退出； 纸币投币口不打开

（1）自动充值机的自助式充值功能应符合设计要求。

（2）自动充值机能通过乘客显示器显示充值车票的车票号、票内余额、有效期、卡状态以及最近几次消费交易等信息。

（3）对无效车票进行充值时，应有相应的提示并拒绝充值。

2. 纸币处理模块检测，参考本篇 1.4.5 纸币处理模块测试相关内容。

3. 自动验票机基本功能检测应符合表 2-4-4 及以下要求：

表 2-4-4　自动验票机基本功能检测表

序号	测试项	执行操作	预期结果
1	测试准备	准备正常的储值卡和单程票各一张； 准备无效的储值卡和单程票各一张	测试设备工作正常
2	自助验票	将一张正常储值卡放在自动验票机读卡区域内，进行验票	乘客显示器显示车票的车票号、票内余额、有效期、卡状态以及最近几次消费交易等信息
3		将一张正常单程票放在自动验票机读卡区域内，进行验票	乘客显示器显示车票的车票号、票内余额、有效期、卡状态以及最近一次交易等信息
4		将一张无效的储值卡或单程票放在自动验票机读卡区域内，进行验票	乘客显示器提示车票无效等信息

（1）自动验票机能通过乘客显示器显示所验车票的车票号、票内余额、有效期、卡状态以及最近几次消费交易等信息。

（2）对无效车票进行验票时，应有相应的提示并拒绝验票。

4. 便携式验票机基本功能检测应符合表 2–4–5 及以下要求：

表 2–4–5　便携式验票机基本功能检测表

序号	测试项	执行操作	预期结果
1	测试准备	准备正常的储值卡和单程票各一张； 准备无效的储值卡和单程票各一张	测试设备工作正常
2	验票	将一张正常储值卡放在便携式验票机读卡区域内，进行验票	显示器显示车票的车票号、票内余额、有效期、卡状态等信息
3		将一张正常单程票放在便携式验票机读卡区域内，进行验票	显示器显示车票的车票号、票内余额、有效期、卡状态等信息
4		将一张无效的储值卡或单程票放在便携式验票机读卡区域内，进行验票	显示器提示车票无效等信息

（1）便携式验票机能通过显示器显示车票的车票号、票内余额、有效期、卡状态等信息。

（2）对无效车票进行验票时，应有相应的提示并拒绝验票。

4.4.6　联机测试

1. 自动充值机、自动验票机、便携式验票机与车站计算机间的通信检查，应符合表 2–4–6 及以下要求：

（1）检查和验证设备地址码。

（2）检查和验证车站计算机下发的信息参数应准确及时，并可对自动充值机、自动验票机进行监控。

（3）检查和验证自动充值机的交易数据、状态等信息上传至车站计算机应准确及时。

（4）检验便携式验票机与车站计算机的参数同步。

表 2–4–6　自动充值机、自动验票机、便携式验票机与车站计算机间的通信检查表

序号	测试项	执行操作	预期结果
1	设备地址码	检查和验证设备地址码	设备地址码正确； 所有自动充值机、自动验票机与车站计算机网络连通
2	与车站计算机连接	查看设备参数	设备参数与车站计算机同步
		查看设备日期和时间	日期及时间与车站计算机同步
3	设备监控及状态显示	通过车站计算机查看自动充值机、自动验票机状态显示	车站计算机显示自动充值机、自动验票机实时状态与设备本机状态一致
4		在自动充值机本机上改变运行状态为“暂停服务”	状态信息的上传时间符合设计要求
5		通过车站计算机的控制，改变自动充值机运行状态为“暂停服务”	自动充值机响应时间符合设计要求； 状态信息的上传时间符合设计要求
6	交易上传及查询	在车站计算机上查询自动充值机交易记录	自动充值机交易记录上传至车站计算机及时、准确； 车站计算机可查询到所有自动充值机交易记录
7	便携式验票机参数同步	将便携式验票机与车站计算机连接，进行参数同步操作	参数同步成功

2. 异常状态测试应符合表2–4–7及以下要求：

表2–4–7 异常状态测试表

序号	测试项	执行操作	预期结果
1	纸币阻塞	在纸币模块内，人为将纸币的通路阻塞，但自动充值机仍处在“正常运行”状态，投入纸币进行充值	纸币将被阻塞，无法充值，该设备将纸币阻塞的故障信息上传至车站计算机，设备自动切换至暂停服务模式
2		排除阻塞故障，复位纸币模块	设备恢复正常服务模式
3	纸币钱箱将满、满	反复进行充值操作，每次尽量多地投入纸币，直至纸币钱箱满	设备在纸币钱箱将满时有提示信息并上传至车站计算机，此时设备仍处在正常服务模式； 设备在纸币钱箱满时有提示信息并上传至车站计算机，此时设备自动切换至暂停服务模式
4	更换钱箱	进行更换纸币钱箱操作	纸币钱箱可正确更换； 更换完成后，自动充值机自动切换至正常服务模式。 车站计算机上显示纸币钱箱状态已恢复正常
5	离线操作	断开一台自动充值机的网络连接	该设备使用状态正常，车站计算机显示与该设备通信中断
6		在该断网的自动充值机上进行车票充值	本机功能全部正常； 车站计算机上查不到断网后该自动充值机的交易记录

续表 2-4-7

序号	测试项	执行操作	预期结果
7	离线操作	恢复设备网络连接	该设备使用状态正常，车站计算机显示与该设备通信恢复正常； 断网后的交易记录自动上传至车站计算机，并且可以在车站计算机上查询到

（1）验证自动充值机在纸币阻塞，钱箱将满、满时的处理能力。

（2）验证自动充值机在离线（网络断开）状态下的功能。

第五章　编码分拣机

第一节　概　　述

编码分拣机是自动售检票系统终端设备之一，用于对所有车票进行初始化编码、自动分拣和赋值。编码分拣机的工程质量验收主要包括：施工准备、设备安装与接线、设备检测及施工质量等。

第二节　施工准备

5.2.1　施工前检查

根据自动售检票系统工程的设计要求，监理和施工单位必须对编码分拣机进行施工前核对和检查，以下各项必须完全符合设备技术条件和工程采购合同的要求：

1. 安装地点。
2. 数量。
3. 型号。
4. 规格。
5. 设备的外观。
6. 包装。
7. 随机文件应包括：产品使用说明书，合格证，装箱清单，技术文件，非金属材料阻燃、无毒、无卤证明材料等。
8. 出厂编号、箱号或合同号。
9. 装箱日期。
10. 出厂的相关技术资料，对随机资料及设备所附的配件（钥匙、票盒等）应妥善保管，防止丢失和混淆。

5.2.2 安装现场检查

安装现场以下各项应符合设计要求：

1．安装位置。

2．留有足够的检修通道。

3．预埋管线的出线口尺寸、数量、位置。

4．远期预留管线和位置。

5．墙面及吊顶（若有）应装饰完毕。

6．安装在架空防静电地板上时，需加固安装。

7．地板承重。

8．安装作业现场应畅通干净，地面无积水、无积灰、无垃圾。

9．预埋管槽畅通、清洁，无积水。

10．安装现场应有隔离措施，防止设备、部件等的损坏与缺失。

11．设备运行环境（温度和湿度等）应满足设备技术条件要求。

第三节　设备的搬运、接线与安装

参考本篇第一章第三节“设备的搬运、接线与安装”相关内容。

第四节　设 备 检 测

5.4.1 设备基本功能检测

设备基本功能应符合设计要求：

1．对新采购的车票进行初始化编码。

2．按设计要求，可根据各种要求对车票进行分拣，如：

（1）生产批号。

（2）生产厂家。

（3）车票余值等。

3．按设计要求的车票种类，对各种车票进行赋值。

4．初始化编码、车票赋值和车票分拣的速度应满足设计要求，且不应小于 2500 张 /h。

5.4.2　安全性

安装完成后的编码分拣机应检查机体的安装牢固性、电气接地连续性、接地可靠性和电气绝缘性，其保护接地导体和保护连接导体应符合现行国家标准《信息技术设备　安全　第 1 部分：通用要求》GB 4943.1 中的规定。

5.4.3　配置

检查设备配置部件符合产品配置要求。

5.4.4　上电

安装完成后应按照设备操作要求进行单机上电，进行基本功能自诊断和电池充电等，检查和测量设备的外接电源，电压值应符合设备要求，以使设备具备连入系统工作的性能。

设备正常运行时的输入电压为单相交流供电：AC220V ± 15%，50Hz，电源待机状态功耗、交易状态功率满足设计要求。

第六章　车票及车票读写机具

第一节　概　　述

本指南规定的车票指可在轨道交通系统内使用的车票，包括非接触式物理 IC 车票、虚拟车票，作为自动售检票系统的媒介，为乘客进出检票机的合法凭证。非接触式物理 IC 车票主要包括卡型车票和筹码型车票，虚拟车票包括二维码车票、生物特征票等。车票可采用多种组合，以满足不同乘客的需要，达到减少乘客等候时间、方便乘客乘车、减少设备使用磨损、降低设备维护费用、减少纸币硬币占用、环保节能等目的。车票的工程质量验收主要包括：数量、外观检查、特性检查、功能检查、运输和储存检查等。

车票读写机具主要安装在 AFC 终端设备内，用于处理车票。车票读写机具的工程质量验收主要包括：数量、外观检查、特性检查、功能检查、运输和储存检查等。

第二节　车票及车票读写机具数量、外观检查

6.2.1　车票数量、外观检查

根据自动售检票系统工程的设计要求，对物理车票进行施工前核对和检查，以下各项必须满足产品技术条件和工程采购合同的要求：

1．数量。

2．型号。

3．规格。

4．外观。

5．包装。

6．出厂编号、批号或合同号。

7．生产日期。

8．车票的尺寸和公差，应符合产品技术要求。

9．生产许可证编号。

10．包装箱内的文件：产品使用说明书、装箱清单、产品合格证、产品检测报告等。

11．对于不同类型的车票，还应分别注意以下要求：

（1）塑料卡型车票。

外观：在日光下，将车票放在距肉眼 300mm 的位置，在非反光方向正视车票 2s，不得有以下缺陷：

1）明显察觉的头发、灰尘、气泡和其他杂物。

2）明显察觉的划痕、凸痕和磨痕。

3）冲切位置明显偏差或喷码位置明显偏差。

4）喷码扭曲、变形、破损。

5）明显的天线和芯片等内封装物的显现。

6）车票表面的边缘毛刺超过车票表面 0.08mm。

（2）筹码型车票。

规格：物理特性应满足《标准》要求，且满足以下要求：

1）因筹码要经过发卡设备，筹码型车票需抗磨损。

2）因筹码在容器内会和其他筹码堆放在一起，筹码型车票需耐摩擦。

3）筹码型车票需抗冲击，不能有任何机械变形甚至破裂。

4）筹码需注塑成型。

5）采用防火无毒塑料材质，符合 UL94–V0 耐燃性标准，符合地铁防火相应规章。

6）如进行超声波清洗，外壳防护等级需达到 IP68。

外观：在日光下，将车票放在距肉眼 300mm 的位置，在非反光方向正视车票 2s，不得有以下缺陷：

1）明显察觉的色块、注塑流痕、反白、杂质污点或其他影响美观的现象。

2）明显察觉的划痕、凸痕和磨痕。

3）激光雕刻位置偏移、烧焦碳化现象。

4）明显的天线和芯片等内封装物的显现。

5）车票表面的边缘毛刺超过车票表面 0.08mm。

（3）纸基卡型车票。

规格：物理特性应大部分符合《标准》要求。以下几项可以根据实际情况调整：

1）可燃性。

2）耐化学性。

3）温湿度条件下的卡片型车票的尺寸稳定性和翘曲。

4）层间剥离强度。

5）车票的翘曲。

6）无明显线圈和芯片等内封装物的显现。

外观：应满足以下要求：

1）票边裁切平齐，侧面无漏胶，冲切误差 ±2mm。

2）票面图案印刷无误，打印内容无误。

3）票面无破损、无脏痕，翘曲不应大于 5.5mm。

4）纸票除芯片位置外平整光滑。

5）车票上已印刷的内容在 6 个月内不因光照发生变化。

6）最小厚度为 0.3mm。

7）最大读写距离不应小于 50mm。

8）与票面垂直的票边绒毛不应超出票面 0.1 mm。

9）票宽（85.60+1.00/−0.50）mm，票高（53.98 ± 0.20）mm，票圆角半径（3.18 ± 0.30）mm，圆角应与票边对齐。

6.2.2 车票读写机具数量、外观检查

根据自动售检票系统工程的设计要求，需对车票读写机具

进行施工前核对和检查，以下各项必须满足产品技术条件和工程采购合同的要求：

1．数量。

2．型号。

3．规格。

4．外观。

5．标识及铭牌。

6．包装。

7．出厂编号、批号或合同号。

8．生产日期。

9．外形尺寸和公差应满足产品技术要求。

10．生产许可证编号或3C认证（如有）证书。

11．包装箱内的文件：产品使用说明书、装箱清单、产品合格证、产品检测报告等。

12．出厂的相关技术资料、随机资料和设备所附的配件应妥善保管，防止丢失或混淆。

第三节　车票及车票读写机具特性检查

6.3.1　车票特性检查

车票的特性应满足产品技术要求，主要包含：

1．物理特性。

2．电气特性。

3．应用文件。

4．安全机制。

需按现行行业标准《城市轨道交通自动售检票系统检测技术规程》CJJ/T 162的规定对车票各种特性进行检查，并记录检查结果。

6.3.2 车票读写机具特性检查

车票读写机具的特性应满足产品技术要求，主要包含：

1. 物理特性。
2. 电气特性。
3. 应用文件。
4. 安全机制。
5. 电源适应性。
6. 电磁兼容性。
7. 机具电气安全。
8. 气候环境适应性。
9. 机械环境适应性。

需按现行行业标准《城市轨道交通自动售检票系统检测技术规程》CJJ/T 162 的规定对车票读写机具各种特性进行检查，并记录检查结果。

第四节　车票及车票读写机具功能检查

车票及车票读写机具的应用检测，按《标准》“7.2　车票及车票读写机具检测　Ⅰ　主控项目”中规定的检查数量进行抽检，并按现行行业标准《城市轨道交通自动售检票系统检测技术规程》CJJ/T 162 的规定对车票及车票读写机具的功能进行检查，且一批次的车票与车票读写机具应进行互相识别功能检测，并记录检查结果。

第五节　车票运输和储存检查

在运输中必须注意防水、防火，不得受到强烈冲击、雨淋及曝晒，同时应注意防止静电、强磁场对芯片可能的损坏。

产品应储存于环境温度 0 ~ 40℃、相对湿度不大于 60% 的库房中，库房中不得有腐蚀性化学药品，应注意防止静电、强磁场对芯片可能的损坏。

第六节　验收检查表

可参照表 2–6–1 所示的车票审查一览表和表 2–6–2 所示的车票读写机具审查一览表进行验收。

表 2–6–1　车票审查一览表

序号	检查项目及文件名称	引用《标准》条款	注意事项	验收负责人
1	型号、类型、数量	7.1.2、7.2.1		
2	材质、规格、工艺	7.1.1、7.1.2、7.2.1	按需要检查材料证明书，符合 UL94–V0 耐燃性报告等	
3	印刷、外观	7.1.2、7.2.5		
4	包装防护	7.1.2、7.2.6	包装无破损	
5	运输储存	7.2.7		
6	产品合格证明、出厂检测报告、生产许可证书	7.1.4		
7	物理特性	7.2.2		
8	电气特性	7.2.2		
9	应用文件	7.2.2		
10	安全机制	7.2.2		
11	功能检测	7.2.3		

表 2-6-2　车票读写机具审查一览表

序号	检查项目及文件名称	引用《标准》条款	注意事项	验收负责人
1	验收合格判定	7.1.5		
2	外观、结构	7.1.3、7.2.8		
3	标识、铭牌	7.2.8		
4	产品合格证明、出厂检测报告、出厂检测报告、生产许可证书或 3C 认证（如有）证书	7.1.4		
5	气候环境适应性	7.1.3	可根据需要检查第三方检测报告	
6	机械环境适应性	7.1.3		
7	电源适应性	7.1.6		
8	电磁兼容性	7.1.6		
9	机具电气安全	7.1.6		
10	功能检测	7.2.4		

第七章　车站计算机系统

第一节　概　　述

车站计算机系统是用于车站级票务处理、运营管理和客流统计的计算机系统，其设备安装在设备控制室内。车站计算机系统的工程质量验收主要包括：施工准备、设备安装与接线、设备基本功能检测及施工质量等。

第二节　施 工 准 备

7.2.1　施工前检查

根据自动售检票系统工程的设计要求，监理和施工单位必须对各车站的车站计算机系统进行施工前核对和检查，以下各项必须完全符合设备技术条件和工程采购合同的要求：

1．数量。

2．型号。

3．规格。

4．设备的外观。

5．包装。

6．随机文件应包括：产品使用说明书、合格证、装箱清单、技术文件等。

7．出厂编号、箱号或合同号。

8．装箱日期。

9．出厂的相关技术资料，并需对随机资料及设备所附的配件加以妥善保管，防止丢失和混淆。

7.2.2 安装现场检查

安装现场以下各项应符合设计要求：

1．安装位置。

2．预埋管线的出线口尺寸、数量、位置。

3．墙面、防静电架空地板及吊顶（若有）应装饰完毕。

4．计算机操作台已安装完毕，且台面清洁。

5．安装作业现场应畅通干净。

6．预埋管槽畅通、清洁，无积水。

7．设备运行环境（温度和湿度等）应符合设备技术条件要求。

第三节　设备的接线与安装

7.3.1 连接线检查

连接线检查应符合以下要求：

1．穿管出线口保护应符合设计要求。

2．线缆（包括电源线、网络线及控制线）完好。

3．预留尾线长度足够。

4．线缆标识清楚。

5．有施工完成的质量检测记录。

7.3.2 设备安装

设备安装应符合以下要求：

1．根据系统设计要求，放置设备。

2．设备的安装点尽量远离排水口或漏水口及通风空调管道下方。

3．设备操作台必须安装牢固，无摇晃。

4．接线人员应有合格的上岗资质，接线工艺符合相关标准要求。

第四节　设备基本功能检测

7.4.1　配置

检查设备配置应符合产品配置要求。

7.4.2　联网

联网检查应符合以下要求：

1．通信线长度应符合设计要求。

2．安装完成后应按照设备操作要求进行网络对接，进行系统连通测试和设备网络地址验证等，保证设备达到连入系统工作的条件。

3．网络系统容量、带宽、延时、丢包率、流量控制性能应符合设计要求。

4．通信线缆应尽量避免经过强磁场和电场处。

7.4.3　通信检查

车站计算机与中央计算机及本车站终端设备间的通信检查应符合以下要求：

1．检查和验证设备地址码。

2．检查和验证中央计算机下发的信息参数应准确及时。

3．检查和验证本系统下发至本车站终端设备的信息参数应准确及时，并可对设备进行监控。

4．检查和验证车站终端设备的交易记录、状态等信息上传至车站计算机应准确及时。

7.4.4　功能测试

车站系统应具备功能包括：设备监视 / 控制、设备状态上报、客流管理、钱票箱库存上报、票卡 / 现金库存管理、运营管理、模式管理、钱票箱领用/归还、参数管理、数据管理、收益管理、时钟管理、报表管理。

1．数据管理应具有以下功能：

（1）系统具备接收、存储并处理所有终端设备上传的交易数据、业务数据的功能。

（2）系统具备将系统交易数据、业务数据成功上传至线路中央计算机系统的功能。

（3）接收线路中央计算机系统的各项系统运营参数并下发到本车站终端设备上。

（4）接收线路中央计算机系统的各项控制命令和指令信息并下发到本车站终端设备上。

（5）系统支持离线工作模式，通信恢复正常后，可自动发送未上传的数据。

2．运营管理应具有以下功能：

（1）实时监视和控制本车站 AFC 系统设备。

（2）定时接收设备状态上报、钱票箱库存上报的数据。

（3）统一管理车站票卡/现金库存。

（4）设置、取消车站运营模式。

（5）售票、充值、各类票卡进出站客流统计。

（6）提供车站日常运营的设备配票款、钱票箱领用归还功能。

（7）售票类设备日结收益数据统计管理。

（8）提供与车站运营业务有关的统计分析报告。

（9）根据设计要求生成各类统计报表，并可有选择输出或打印。

（10）紧急按钮管理。

3．系统维护应具有以下功能：

（1）时钟同步管理。

（2）数据归档、备份管理。

（3）系统日志。

4．车站计算机系统功能检测应满足检测内容的要求。

5．主要检测内容如表 2–7–1 所示。

表 2–7–1 主要检测内容表

检测车站				
检测人			检测日期	
序号	检测项目	说 明		检测结果
1	设备监视	车站计算机系统对车站终端设备的监视功能应符合《标准》第 9.3.2 条的规定		
2	设备控制	车站计算机系统对车站终端设备的控制功能应符合《标准》第 9.3.3 条的规定		
3	模式设置	车站计算机系统对车站运营模式的设置应符合《标准》第 9.3.4 条的规定		
4	参数管理	车站计算机系统对系统内的参数管理应符合《标准》第 9.3.5 条的规定		
5	软件管理	车站计算机系统对系统内的软件管理（含车站计算机软件、设备软件、读卡器等关键部件的软件）应符合《标准》第 9.3.6 条的规定		
6	客流统计	车站计算机系统客流统计功能应符合《标准》第 9.3.7 条的规定		
7	日终处理	车站计算机系统日终处理功能应符合《标准》第 9.3.8 条的规定		

续表 2-7-1

序号	检测项目	说　明	检测结果
8	运营报表	车站计算机系统运营报表功能应符合《标准》第 9.3.8 条的规定	
9	后台处理	车站计算机系统后台处理功能应符合《标准》第 9.3.9 条的规定	
10	离线模式	车站计算机系统在离线模式及通信恢复后的运行状态应符合《标准》第 9.3.10 条的规定	
11	时钟同步	车站计算机系统时钟同步功能应符合《标准》第 9.3.11 条的规定	
12	收益管理	车站计算机系统收益管理功能应符合《标准》第 9.3.12 条的规定	
13	票务管理	车站计算机系统票务管理功能应符合《标准》第 9.3.13 条的规定	
14	日志管理	车站计算机系统日志管理功能应符合《标准》第 9.3.14 条的规定	
15	权限管理	车站计算机系统权限管理功能应符合《标准》第 9.3.15 条的规定	
检测结论： 集成商技术负责人签字：　　　　监理方负责人签字： 年　月　日　　　　年　月　日			

（1）设备监视检测如表 2–7–2 所示。

表 2–7–2　设备监视检测表

<table>
<tr><td colspan="4">检测功能：设备监视</td></tr>
<tr><td colspan="4">检测目标：验证车站终端设备状态、钱票箱库存数据等发生变化时，下位及时或定时上报给上位系统，上位系统对下位上报的状态数据进行处理、保存，并通过车站工作站进行查询和监控</td></tr>
<tr><td colspan="4">检测范围：车站终端设备公共状态：网络状态，读卡器、钱箱 / 票箱库存数量，运营模式等；
自动售票机：钱箱 / 票箱安装 / 卸下、发行单元、维修打印机、纸币模块、硬币模块等；
自动检票机：票箱安装 / 卸下、回收单元、扇门模块等；
半自动售票机：票箱安装 / 卸下、发行单元、打印机等</td></tr>
<tr><td colspan="4">启动条件：
1. 车站终端设备与车站系统通信正常；
2. 车站系统（SC）运行正常；
3. 车站终端设备处于正常服务状态</td></tr>
<tr><td>序号</td><td>检测项目</td><td>预 期 结 果</td><td>是否通过</td></tr>
<tr><td rowspan="3">1</td><td rowspan="3">网络状态监视—断开指定设备（自动检票机、半自动售票机、自动售票机）网络连接</td><td>SCWS 监控界面显示自动检票机网络状态断开（文字和报警）</td><td>□是□否</td></tr>
<tr><td>SCWS 监控界面显示半自动售票机网络状态断开（文字和报警）</td><td>□是□否</td></tr>
<tr><td>SCWS 监控界面显示自动售票机网络状态断开（文字和报警）</td><td>□是□否</td></tr>
<tr><td rowspan="3">2</td><td rowspan="3">网络状态监视—恢复指定设备（自动检票机、半自动售票机、自动售票机）网络连接</td><td>SCWS 监控界面显示自动检票机网络状态正常（文字和报警）</td><td>□是□否</td></tr>
<tr><td>SCWS 监控界面显示半自动售票机网络状态正常（文字和报警）</td><td>□是□否</td></tr>
<tr><td>SCWS 监控界面显示自动售票机网络状态正常（文字和报警）</td><td>□是□否</td></tr>
</table>

续表 2-7-2

序号	检测项目	预期结果	是否通过
3	票箱库存数量监视	SCWS 监控界面显示可查看自动售票机票箱库存数量	□是□否
		SCWS 监控界面显示可查看半自动售票机票箱库存数量	□是□否
		SCWS 监控界面显示可查看自动检票机票箱库存数量	□是□否
4	自动售票机—钱箱库存数量监视	SCWS 监控界面显示可查看纸币找零箱数量	□是□否
		SCWS 监控界面显示可查看纸币补充箱数量	□是□否
		SCWS 监控界面显示可查看纸币回收箱数量	□是□否
		SCWS 监控界面显示可查看纸币废钞箱数量	□是□否
		SCWS 监控界面显示可查看“暂存”或“循环”器内部的硬币数量	□是□否
		SCWS 监控界面显示可查看硬币补充箱数量	□是□否
		SCWS 监控界面显示可查看硬币回收箱数量	□是□否
5	纸币找零箱—数量状态监视	SCWS 可查看纸币找零箱数量状态：正常	□是□否
		SCWS 可查看钱箱数量状态：将空	□是□否
		SCWS 可查看钱箱数量状态：空	□是□否

续表 2-7-2

序号	检测项目	预 期 结 果	是否通过
6	纸币回收箱—数量状态监视	SCWS 可查看纸币找零箱数量状态：正常	□是□否
		SCWS 可查看钱箱数量状态：将满	□是□否
		SCWS 可查看钱箱数量状态：满	□是□否
7	硬币回收箱—数量状态监视	SCWS 可查看硬币回收箱数量状态：正常	□是□否
		SCWS 可查看钱箱数量状态：将满	□是□否
		SCWS 可查看钱箱数量状态：满	□是□否
8	运营模式监视—上位触发正常模式、紧急模式、降级模式	SCWS 监控界面可查看车站终端设备运营模式状态	□是□否
9	钱箱安装 / 卸下状态监视	SCWS 监控界面可查看自动售票机钱箱安装状态：安装	□是□否
		SCWS 监控界面可查看自动售票机钱箱安装状态：卸下	□是□否
10	票箱安装 / 卸下状态监视	SCWS 监控界面可查看车站终端设备票箱安装状态：安装	□是□否
		SCWS 监控界面可查看车站终端设备票箱安装状态：卸下	□是□否

续表 2–7–2

序号	检测项目	预 期 结 果	是否通过
11	发行模块状态监视（自动售票机、半自动售票机）	SCWS 监控界面可查看车站终端设备发行模块状态：正常、故障等	□是□否
12	自动售票机—维修打印机状态监视	SCWS 监控界面可查看自动售票机维修打印机状态：正常、故障等	□是□否
13	自动售票机—硬币模块状态监视	SCWS 监控界面可查看自动售票机硬币模块状态：正常、故障等	□是□否
14	自动售票机—纸币模块状态监视	SCWS 监控界面可查看自动售票机纸币模块状态：正常、故障等	□是□否
15	自动检票机—回收模块状态监视	SCWS 监控界面可查看自动检票机回收模块状态：正常、故障等	□是□否
16	自动检票机—扇门模块状态监视	SCWS 监控界面可查看自动检票机扇门模块状态：正常、故障等	□是□否
17	半自动售票机—打印机状态监视	SCWS 监控界面可查看半自动售票机打印机状态：正常、故障等	□是□否

（2）设备控制检测如表 2–7–3 所示。

表 2–7–3　设备控制检测表

检测功能：设备控制			
检测目标：验证 SC 下发控制指令，设备能成功接收并处理			
检测范围：设备公共指令：暂停服务、远程唤醒、设备关机、强制时钟同步； 自动售票机指令：可售票、可充值、无找零模式、可收纸币、可收硬币； 自动检票机指令：通道方向； 互联网服务模式（自动售票机、自动检票机）：开启、关闭			
启动条件： 1. 车站终端设备与车站系统通信正常； 2. 车站系统运行正常； 3. 车站工作站（SCWS）运行正常； 4. 车站终端设备处于正常服务状态			
序号	检测项目	预期结果	是否通过
1	设备处于正常服务状态	设备接收并处理，设备暂停服务（除半自动售票机外）	□是□否
	在 SCWS 监控界面针对全站 / 单台 / 单类型设备下发暂停服务指令		
2	设备处于运营状态	设备接收并处理，设备执行关机	□是□否
	在 SCWS 监控界面针对全站 / 单台 / 单类型设备下发设备关机指令		

续表 2-7-3

序号	检 测 项 目	预 期 结 果	是否通过
3	设备处于关机状态 在 SCWS 监控界面针对全站 / 单台 / 单类型设备下发唤醒指令	设备接收并处理，设备执行开机	□是□否
4	设备（自动检票机、半自动售票机）处于暂停服务状态 在 SCWS 监控界面针对全站 / 单台 / 单类型设备下发正常服务指令	设备接收并处理，设备正常服务	□是□否
5	设备处于运营服务状态 在 SCWS 监控界面针对全站 / 单台 / 单类型设备下发重启指令	设备接收并处理，设备执行重启	□是□否
6	设置设备时钟与上位不一致 在 SCWS 监控界面针对全站 / 单台 / 单类型设备下发强制时钟同步指令	车站终端设备与上位时钟同步成功 下位与上位时钟一致	□是□否
7	设备处于运营服务状态 在 SCWS 监控界面针对全站 / 单台 / 单类型设备下发重启指令	设备接收并处理，设备执行重启	□是□否

续表 2-7-3

序号	检 测 项 目	预 期 结 果	是否通过
8	自动售票机处于正常服务状态 在 SCWS 监控界面针对单台 / 单类型设备下发只售票模式指令	自动售票机接收并处理，设备只售票，不可充值	□是□否
9	自动售票机处于正常服务状态 在 SCWS 监控界面针对单台 / 单类型设备下发只充值模式指令	自动售票机接收并处理，设备只充值，不售票	□是□否
10	自动售票机处于正常服务状态（可纸币 + 硬币找零） 在 SCWS 监控界面针对单台 / 单类型设备下发只硬币找零指令	自动售票机接收并处理，设备只硬币找零	□是□否
11	自动售票机处于正常服务状态（可纸币 + 硬币找零） 在 SCWS 监控界面针对单台 / 单类型设备下发只纸币找零指令	自动售票机接收并处理，设备纸币找零	□是□否
12	自动售票机处于正常服务状态（可纸币 + 硬币找零） 在 SCWS 监控界面针对单台 / 单类型设备下发无找零模式指令	自动售票机接收并处理，设备处于无找零模式	□是□否

续表 2-7-3

序号	检测项目	预期结果	是否通过
13	自动售票机处于正常服务状态（可收纸币＋硬币） 在 SCWS 监控界面针对单台／单类型设备下发只收纸币指令	自动售票机接收并处理，设备只收纸币购票，不收硬币	□是□否
14	自动售票机处于正常服务状态（可收纸币＋硬币） 在 SCWS 监控界面针对单台／单类型设备下发只收硬币指令	自动售票机接收并处理，设备只收硬币购票，不收纸币	□是□否
15	双向自动检票机 在 SCWS 监控界面针对单台／单类型设备下发单进指令	自动检票机接收并处理，设备处于单进模式	□是□否
16	双向自动检票机 在 SCWS 监控界面针对单台／单类型设备下发单出指令	自动检票机接收并处理，设备处于单出模式	□是□否
17	通道方向处于单进／出的双向自动检票机 在 SCWS 监控界面针对单台／单类型设备下发双向指令	自动检票机接收并处理，设备处于双向模式	□是□否

续表 2-7-3

序号	检测项目	预期结果	是否通过
18	自动售票机互联网服务模式处于开启状态 在 SCWS 监控界面针对单台 / 单类型设备下发互联网关闭模式指令	设备接收并处理，设备互联网模式处于关闭状态，不能使用二维码功能	□是□否
19	自动售票机互联网服务模式处于关闭状态 在 SCWS 监控界面针对单台 / 单类型设备下发互联网开启模式	设备接收并处理，设备互联网模式处于开启状态，可以使用二维码功能进行业务处理	□是□否
20	自动检票机互联网服务模式处于开启状态 在 SCWS 监控界面针对单台 / 单类型设备下发互联网关闭模式指令	设备接收并处理，设备互联网模式处于关闭状态，不能使用二维码功能	□是□否
21	自动检票机互联网服务模式处于关闭状态 在 SCWS 监控界面针对单台 / 单类型设备下发互联网开启模式指令	设备接收并处理，设备互联网模式处于开启状态，可以使用二维码功能进行业务处理	□是□否

（3）模式设置检测如表 2–7–4 所示。

表 2–7–4　模式设置检测表

<table>
<tr><td colspan="4">检测功能：模式设置</td></tr>
<tr><td colspan="4">检测目标：验证 SC 下发 / 解除模式，设备能成功接收并处理</td></tr>
<tr><td colspan="4">检测范围：验证车站系统与线路系统通信中断情况下，可触发正常模式、紧急模式、降级模式；
验证车站系统与线路系统通信正常情况下，可触发正常模式、紧急模式，不可触发降级模式；
降级模式包括：日期免检、时间免检、列车故障模式、车费免检、进站免检、出站免检、进站次序免检、出站次序免检、进出站次序免检等</td></tr>
<tr><td colspan="4">启动条件：
1. 车站终端设备与车站系统通信正常；
2. SC 与 LC 通信处于中断状态；
3. 车站终端设备处于正常服务状态</td></tr>
<tr><td>序号</td><td>检测项目</td><td>预 期 结 果</td><td>是否通过</td></tr>
<tr><td rowspan="4">1</td><td rowspan="4">SCWS 触发紧急模式</td><td>1. 自动检票机维护界面可查询到当前运营模式为紧急放行模式；
2. 自动检票机扇门打开，界面显示紧急模式，请快速通行</td><td>□是□否</td></tr>
<tr><td>自动售票机维护界面可查询到当前运营模式为紧急模式</td><td>□是□否</td></tr>
<tr><td>半自动售票机界面可查询到当前运营模式为紧急模式</td><td>□是□否</td></tr>
<tr><td>SCWS 界面查看 SC 当前运营模式为紧急模式</td><td>□是□否</td></tr>
</table>

续表 2-7-4

序号	检测项目	预 期 结 果	是否通过
2	SCWS 解除紧急模式	模式解除后，自动检票机恢复正常服务模式	□是□否
		模式解除后，自动售票机恢复正常服务模式	□是□否
		模式解除后，半自动售票机恢复正常服务模式	□是□否
		模式解除后，SC 恢复正常服务模式	□是□否
3	SCWS 触发日期免检模式	自动检票机维护界面可查询到当前运营模式为日期免检模式	□是□否
		自动售票机维护界面可查询到当前运营模式为日期免检模式	□是□否
		半自动售票机界面可查询到当前运营模式为日期免检模式	□是□否
		SCWS 界面查看 SC 当前运营模式为日期免检模式	□是□否
4	SCWS 解除日期免检模式	模式解除后，自动检票机恢复正常服务模式	□是□否
		模式解除后，自动售票机恢复正常服务模式	□是□否
		模式解除后，半自动售票机恢复正常服务模式	□是□否
		模式解除后，SC 恢复正常服务模式	□是□否

续表 2-7-4

序号	检测项目	预期结果	是否通过
5	SCWS 触发时间免检模式	自动检票机维护界面可查询到当前运营模式为时间免检模式	□是□否
		自动售票机维护界面可查询到当前运营模式为时间免检模式	□是□否
		半自动售票机界面可查询到当前运营模式为时间免检模式	□是□否
		SCWS 界面查看 SC 当前运营模式为时间免检模式	□是□否
6	SCWS 解除时间免检模式	模式解除后，自动检票机恢复正常服务模式	□是□否
		模式解除后，自动售票机恢复正常服务模式	□是□否
		模式解除后，半自动售票机恢复正常服务模式	□是□否
		模式解除后，SC 恢复正常服务模式	□是□否
7	SCWS 触发列车故障模式	自动检票机维护界面可查询到当前运营模式为列车故障模式	□是□否
		自动售票机维护界面可查询到当前运营模式为列车故障模式	□是□否
		半自动售票机界面可查询到当前运营模式为列车故障模式	□是□否
		SCWS 界面查看 SC 当前运营模式为列车故障模式	□是□否

续表 2–7–4

序号	检测项目	预 期 结 果	是否通过
8	SCWS 解除列车故障模式	模式解除后，自动检票机恢复正常服务模式	□是□否
		模式解除后，自动售票机恢复正常服务模式	□是□否
		模式解除后，半自动售票机恢复正常服务模式	□是□否
		模式解除后，SC 恢复正常服务模式	□是□否
9	SCWS 触发车费免检模式	自动检票机维护界面可查询到当前运营模式为车费免检模式	□是□否
		自动售票机维护界面可查询到当前运营模式为车费免检模式	□是□否
		半自动售票机界面可查询到当前运营模式为车费免检模式	□是□否
		SCWS 界面查看 SC 当前运营模式为车费免检模式	□是□否
10	SCWS 解除车费免检模式	模式解除后，自动检票机恢复正常服务模式	□是□否
		模式解除后，自动售票机恢复正常服务模式	□是□否
		模式解除后，半自动售票机恢复正常服务模式	□是□否
		模式解除后，SC 恢复正常服务模式	□是□否

续表 2-7-4

序号	检测项目	预 期 结 果	是否通过
11	SCWS 触发进站免检模式	自动检票机维护界面可查询到当前运营模式为进站免检模式	□是□否
		自动售票机维护界面可查询到当前运营模式为进站免检模式	□是□否
		半自动售票机界面可查询到当前运营模式为进站免检模式	□是□否
		SCWS 界面查看 SC 当前运营模式为进站免检模式	□是□否
12	SCWS 解除进站免检模式	模式解除后，自动检票机恢复正常服务模式	□是□否
		模式解除后，自动售票机恢复正常服务模式	□是□否
		模式解除后，半自动售票机恢复正常服务模式	□是□否
		模式解除后，SC 恢复正常服务模式	□是□否
13	SCWS 触发出站免检模式	自动检票机维护界面可查询到当前运营模式为出站免检模式	□是□否
		自动售票机维护界面可查询到当前运营模式为出站免检模式	□是□否
		半自动售票机界面可查询到当前运营模式为出站免检模式	□是□否
		SCWS 界面查看 SC 当前运营模式为出站免检模式	□是□否

续表 2-7-4

序号	检测项目	预 期 结 果	是否通过
14	SCWS 解除出站免检模式	模式解除后，自动检票机恢复正常服务模式	□是□否
		模式解除后，自动售票机恢复正常服务模式	□是□否
		模式解除后，半自动售票机恢复正常服务模式	□是□否
		模式解除后，SC 恢复正常服务模式	□是□否
15	SCWS 触发进站次序免检模式	自动检票机维护界面可查询到当前运营模式为进站次序免检模式	□是□否
		自动售票机维护界面可查询到当前运营模式进站次序免检模式	□是□否
		半自动售票机界面可查询到当前运营模式为进站次序免检模式	□是□否
		SCWS 界面查看 SC 当前运营模式为进站次序免检模式	□是□否
16	SCWS 解除进站次序免检模式	模式解除后，自动检票机恢复正常服务模式	□是□否
		模式解除后，自动售票机恢复正常服务模式	□是□否

续表 2-7-4

序号	检测项目	预 期 结 果	是否通过
16	SCWS 解除进站次序免检模式	模式解除后，半自动售票机恢复正常服务模式	□是□否
		模式解除后，SC 恢复正常服务模式	□是□否
17	SCWS 触发出站次序免检模式	自动检票机维护界面可查询到当前运营模式为出站次序免检模式	□是□否
		自动售票机维护界面可查询到当前运营模式为出站次序免检模式	□是□否
		半自动售票机界面可查询到当前运营模式为出站次序免检模式	□是□否
		SCWS 界面查看 SC 当前运营模式为出站次序免检模式	□是□否
18	SCWS 解除出站次序免检模式	模式解除后，自动检票机恢复正常服务模式	□是□否
		模式解除后，自动售票机恢复正常服务模式	□是□否
		模式解除后，半自动售票机恢复正常服务模式	□是□否
		模式解除后，SC 恢复正常服务模式	□是□否

续表 2-7-4

序号	检测项目	预 期 结 果	是否通过
19	SCWS触发进出站次序免检模式	自动检票机维护界面可查询到当前运营模式为进出站次序免检模式	□是□否
		自动售票机维护界面可查询到当前运营模式为进出站次序免检模式	□是□否
		半自动售票机界面可查询到当前运营模式为进出站次序免检模式	□是□否
		SCWS界面查看SC当前运营模式为进出站次序免检模式	□是□否
20	SCWS解除进出站次序免检模式	模式解除后，自动检票机恢复正常服务模式	□是□否
		模式解除后，自动售票机恢复正常服务模式	□是□否
		模式解除后，半自动售票机恢复正常服务模式	□是□否
		模式解除后，SC恢复正常服务模式	□是□否
21	紧急按钮触发	车站处于紧急模式，全站设备处于紧急模式，自动检票机扇门打开	□是□否
22	紧急按钮解除	车站恢复正常模式	□是□否

（4）参数管理检测如表 2–7–5 所示。

表 2–7–5　参数管理检测表

<table>
<tr><td colspan="4">检测功能：参数管理</td></tr>
<tr><td colspan="4">检测目标：验证参数管理功能符合标准</td></tr>
<tr><td colspan="4">检测范围：
1．车站参数查询；
2．参数 / 软件差异查询；
3．ACC 参数同步；
4．LC 参数同步；
5．线路中心可查看车站指定设备参数信息；
6．在 LCWS、SCWS 都可执行参数、软件同步操作</td></tr>
<tr><td colspan="4">启动条件：
1．车站终端设备与车站系统通信正常；
2．车站系统运行正常；
3．车站工作站运行正常；
4．车站参数高于设备参数</td></tr>
<tr><td>序号</td><td>检测项目</td><td>预 期 结 果</td><td>是否通过</td></tr>
<tr><td>1</td><td>车站参数查询</td><td>界面显示车站 ACC 参数、LC 参数</td><td>□是□否</td></tr>
<tr><td>2</td><td>参数 / 软件差异查询</td><td>界面显示设备参数版本与车站参数版本对比列表信息，版本差异的设备以显著颜色标注</td><td>□是□否</td></tr>
<tr><td rowspan="2">3</td><td>ACC 参数同步：上下位参数不一致</td><td rowspan="2">1．设备执行参数下载成功，上下位参数版本一致；
2．对于需要下载至 TPU 的参数，每个读卡器中的参数版本包括 TPU 中当前的软件版本，均需要上报至 SC、LC，并有专门的画面进行差异查询</td><td>□是□否</td></tr>
<tr><td>在 SCWS 执行参数同步</td><td>□是□否</td></tr>
</table>

续表 2-7-5

序号	检测项目	预 期 结 果	是否通过
4	LC 参数：设备软件版本同步	设备软件版本下载成功，上下位软件版本一致	□是□否
	在 SCWS 执行参数同步		□是□否

（5）客流管理检测如表 2-7-6 所示。

表 2-7-6　客流管理检测表

<table>
<tr><td colspan="3">检测功能：客流管理</td></tr>
<tr><td colspan="3">检测目标：验证 SC 实时监控本站售票、进 / 出站客流统计以及历史客流数据统计</td></tr>
<tr><td colspan="3">启动条件：
1. 车站终端设备与车站系统通信正常；
2. 车站系统运行正常；
3. 车站终端设备执行售票、进站、出站等业务操作</td></tr>
<tr><td>检 测 项 目</td><td>预 期 结 果</td><td>是否通过</td></tr>
<tr><td>车站终端设备执行业务操作：
半自动售票机售票 10 张；
自动售票机售票 15 张；
自动检票机进站 10 笔；
自动检票机出站 5 笔</td><td>客流监视界面展示：
按可选条件生成客流分时统计数据，数据跟实际操作一致</td><td>□是□否</td></tr>
</table>

第五节　施 工 记 录

施工过程的阶段性完成情况和监理见证认可等应有完整的记录文件。

第六节　交 收 清 单

完成施工安装后的车站计算机系统，按照单机和车站系统的要求，应有包含配件、设置、标识和网络组合等内容完整的安装完工交收清单。

第八章　中央计算机系统

第一节　概　　述

中央计算机系统是用于管理和控制线路级自动售检票系统的计算机系统，其工程质量验收主要包括：施工准备、设备安装与接线、设备检测及施工质量等。

第二节　施 工 准 备

8.2.1　施工前检查

根据自动售检票系统工程的设计要求，监理和施工单位必须对中央计算机系统进行施工前核对和检查，以下各项必须完全符合设备技术条件和工程采购合同的要求：

1. 数量。
2. 型号。
3. 规格。
4. 设备的外观。
5. 包装。
6. 随机文件应包括：产品使用说明书、合格证、装箱清单、技术文件等。
7. 出厂编号及箱号（或合同号）。
8. 装箱日期。
9. 出厂的相关技术资料，并需对随机资料及设备所附的配件加以妥善保管，防止丢失和混淆。

8.2.2 安装现场检查

安装现场检查时，以下各项应符合设计要求：

1．安装位置。

2．预埋管线的出线口尺寸、数量、位置。

3．墙面、防静电架空地板及吊顶（若有）应装饰完毕。

4．计算机操作台已安装完毕，且台面清洁。

5．安装作业现场应畅通干净。

6．预埋管槽畅通、清洁，无积水。

7．设备运行环境（温度和湿度等）应符合设备技术条件的要求。

第三节　设备的接线与安装

8.3.1 连接线检查

连接线检查应符合以下要求：

1．穿管出线口保护应符合设计要求。

2．线缆（包括电源线、网络线及控制线）完好。

3．预留尾线长度足够。

4．线缆标识清楚。

5．有施工完成的质量检测监理记录。

8.3.2 设备安装

设备安装应符合以下要求：

1．根据系统设计要求放置设备。

2．设备的安装点尽量远离排水口或漏水口及通风空调管道下方。

3．设备操作台必须安装牢固，无晃动。

4．中央计算机机柜必须安装在牢固坚硬的地板或支架上，地板必须满足机器重量的荷载要求，以防止安装机器后出现地板下陷倾斜的现象，且无晃动。

5．设备安装后的垂直与水平度应符合设备技术条件要求。

6．接线人员应有合格的上岗资质，接线工艺符合相关标准要求。

第四节　设备基本功能检测

8.4.1　配置

检查设备配置应符合产品配置要求。

8.4.2　联网

联网检查应符合以下要求：

1．通信线长度应符合设计要求。

2．安装完成后应按照设备操作要求进行网络对接，进行系统连通测试和设备网络地址验证等，保证设备达到连入系统工作的条件。

3．网络系统容量、带宽、延时、丢包率、流量控制性能应符合设计要求。

4．通信线缆应尽量避免经过强磁场和电场处。

8.4.3　与车站计算机以及路网清分系统的通信检查

通信检查应符合以下要求：

1．检查和验证路网清分系统下发的参数信息应准确及时。

2．检查和验证上传至路网清分系统的信息应准确及时。

3．检查和验证本系统下发至本线路车站计算机参数信息应准确及时，并可对本线路设备进行监控。

4．检查和验证车站终端设备的交易记录、状态等信息上传至车站计算机系统和中央计算机系统应准确及时。

8.4.4　功能测试

系统功能测试应符合以下要求：

1. 系统数据管理应具有以下功能：

（1）接受全线车站计算机及车站终端设备上传的数据，建立全线自动售检票数据库，进行客流、票务和财务收入统计，并打印各类相关报表。

（2）具有系统参数设置、管理和下载功能，应能接受和处理路网票务清分中心传来的路网系统运行参数，包括轨道交通网络图、运行模式、系统运作方式、车票费率设置、黑名单文件等参数，下载至车站计算机和车站终端设备；应能设置和维护系统内如系统运行模式、设备运作、车票、同步时钟等参数，并下载至车站计算机和车站终端设备。

（3）上传路网票务清分系统所需的车票原始交易数据。

（4）自动接收清分系统的对账数据，同时自动将有关数据与中央计算机系统生成的数据进行核对，生成有关差额报告，对于出现的差额应能进行单项管理和跟踪。

（5）具有黑名单管理功能，应能接受路网票务清分系统传来的黑名单文件，并下传给各车站计算机和车站终端设备。

2. 运营管理应具有以下功能：

（1）设置系统运营模式、设备运行参数等参数，同时应能将参数下达到各车站计算机和车站终端设备。

（2）具有设备集中维护和网络管理功能，实时监督和控制各车站计算机和车站终端设备的通信状态、运行状态及故障情况，查询和统计各种故障处理数据。

（3）具有操作权限管理功能，对应用系统及操作系统的操作权限进行管理，防止非法进入，确保系统正常运行，并提供与车站运营业务有关的统计分析报告。

（4）具有丰富的报表生成能力，包括日报表、周报表、月报表、季度报表、年度报表和用户自定义时段的报表，为系统的运行管理和决策提供依据，报表内容应涉及车票交易、客流、现金、收益、财务清算、车票使用跟踪、系统参数、设备维护等方面，并可根据设计要求生成各类统计报表，有选择输出或打印。

（5）具有对客流的实时监视功能，其实时图表显示符合设计要求。

（6）具有对车票编码设备的实时监视功能。

（7）具有对车票统计和查询功能。

（8）具有设备软件管理功能，能够对线路内各类设备的软件包版本进行管理，提供软件版本号查询及软件包下发功能。

（9）具备应急票发售和缴销功能，配合线路中央编码分拣机完成应急票的预赋值，接受车站上传的紧急票手工发售信息，未使用的应急票需进行缴销操作，并提供预赋值、出售和缴销信息记录，可生成查询和报表统计。

3. 系统维护应具有以下功能：

（1）接受票务清分系统的标准时钟同步信号，并下达给车站计算机，满足整个线路内部自动售检票系统的同步需求。

（2）数据归档、备份管理。

（3）维护管理功能，能够对中央计算机系统的设备部件进行管理，监控设备运行状态，并统计操作人员设备维护记录。

4. 主要检测内容如表 2–8–1 所示。

表 2–8–1　主要检测内容表

检测车站				
检测人			检测日期	
序号	检测项目	说　明		检测结果
1	系统监视	中央计算机系统对车站计算机系统的运行状态及运营模式的监控功能应符合《标准》第 10.3.1 条的规定		
2	参数管理	中央计算机系统对系统内的参数管理应符合《标准》第 10.3.2 条的规定		

续表 2-8-1

序号	检测项目	说　　明	检测结果
3	软件管理	中央计算机系统对系统内的软件管理应符合《标准》第 10.3.3 条的规定	
4	客流统计	中央计算机系统客流统计功能应符合《标准》第 10.3.4 条的规定，清晰展示：售票、进站、出站客流。同时可展示车站间对比、多日客流历史对比（如近 5 日等）	
5	日终处理	中央计算机系统日终处理功能应符合《标准》第 10.3.5 条的规定	
6	运营报表	中央计算机系统运营报表功能应符合《标准》第 10.3.5 条的规定	
7	后台处理	中央计算机系统后台处理功能应符合《标准》第 10.3.6 条的规定	
8	时钟同步	中央计算机系统时钟同步功能应符合《标准》第 10.3.7 条的规定	
9	车票管理	中央计算机系统车票管理功能应符合《标准》第 10.3.8 条的规定	
10	应急票发售和缴销	中央计算机系统应急票发售和缴销功能应符合《标准》第 10.3.9 条的规定	

续表 2-8-1

<table>
<tr><th>序号</th><th>检测项目</th><th>说　明</th><th>检测结果</th></tr>
<tr><td>11</td><td>维修管理</td><td>中央计算机系统维修管理功能应符合《标准》第 10.3.10 条的规定</td><td></td></tr>
<tr><td>12</td><td>权限管理</td><td>中央计算机系统权限管理功能应符合《标准》第 10.3.11 条的规定</td><td></td></tr>
<tr><td colspan="4">检测结论：

集成商技术负责人签字：　　　　　　　　监理方负责人签字：
年　月　日　　　　　　　　　　年　月　日</td></tr>
</table>

（1）系统监视检测如表 2-8-2 所示。

表 2-8-2　系统监视检测表

<table>
<tr><td>检测功能：系统监视</td></tr>
<tr><td>检测目标：验证车站终端设备状态、钱箱 / 票箱库存数据等发生变化时，下位及时或定时上报给上位系统，上位系统对下位上报的状态数据进行处理、保存，并转发给线路工作站进行查询和监控</td></tr>
<tr><td>检测范围：车站终端设备公共状态：网络状态、读卡器、钱箱 / 票箱库存数量、钱箱 / 票箱数量状态、运营模式等；
自动售票机：钱箱 / 票箱安装 / 卸下、发行单元、维修打印机、纸币模块、硬币模块等；
自动检票机：票箱安装 / 卸下、回收单元、扇门模块等；
半自动售票机：票箱安装 / 卸下、发行单元、打印机等</td></tr>
<tr><td>启动条件：
1. 车站终端设备 –SC–LC 通信正常；
2. 整体系统运行正常；
3. 车站终端设备处于正常服务状态</td></tr>
</table>

续表 2-8-2

序号	检测项目	预期结果	是否通过
1	网络状态监视—断开指定设备（自动检票机、半自动售票机、自动售票机）网络连接	LCWS 监控界面显示自动检票机网络状态断开（文字和报警）	□是□否
		LCWS 监控界面显示半自动售票机网络状态断开（文字和报警）	□是□否
		LCWS 监控界面显示自动售票机网络状态断开（文字和报警）	□是□否
2	网络状态监视—恢复指定设备（自动检票机、半自动售票机、自动售票机）网络连接	LCWS 监控界面显示自动检票机网络状态正常（文字和报警）	□是□否
		LCWS 监控界面显示半自动售票机网络状态正常（文字和报警）	□是□否
		LCWS 监控界面显示自动售票机网络状态正常（文字和报警）	□是□否
3	票箱库存数量监视	LCWS 监控界面显示可查看自动售票机票箱库存数量	□是□否
		LCWS 监控界面显示可查看半自动售票机票箱库存数量	□是□否
		LCWS 监控界面显示可查看自动检票机票箱库存数量	□是□否

续表 2-8-2

序号	检测项目	预期结果	是否通过
4	自动售票机—钱箱库存数量监视	LCWS 监控界面显示可查看纸币找零箱数量	□是□否
		LCWS 监控界面显示可查看纸币补充箱数量	□是□否
		LCWS 监控界面显示可查看纸币回收箱数量	□是□否
		LCWS 监控界面显示可查看纸币废钞箱数量	□是□否
		LCWS 监控界面显示可查看“暂存”或“循环”器内部的硬币数量	□是□否
		LCWS 监控界面显示可查看硬币补充箱数量	□是□否
		LCWS 监控界面显示可查看硬币回收箱数量	□是□否
5	纸币找零箱—数量状态监视	LCWS 可查看纸币找零箱数量状态：正常	□是□否
		LCWS 可查看钱箱数量状态：将空	□是□否
		LCWS 可查看钱箱数量状态：空	□是□否

续表 2-8-2

序号	检测项目	预期结果	是否通过
6	纸币回收箱—数量状态监视	LCWS 可查看纸币找零箱数量状态：正常	□是□否
		LCWS 可查看钱箱数量状态：将满	□是□否
		LCWS 可查看钱箱数量状态：满	□是□否
7	硬币回收箱—数量状态监视	LCWS 可查看硬币回收箱数量状态：正常	□是□否
		LCWS 可查看钱箱数量状态：将满	□是□否
		LCWS 可查看钱箱数量状态：满	□是□否
8	运营模式监视—上位触发正常模式、紧急模式、降级模式	LCWS 监控界面可查看车站终端设备运营模式状态	□是□否
9	钱箱安装 / 卸下状态监视	LCWS 监控界面可查看自动售票机钱箱安装状态：安装	□是□否
		LCWS 监控界面可查看自动售票机钱箱安装状态：卸下	□是□否
10	票箱安装 / 卸下状态监视	LCWS 监控界面可查看车站终端设备票箱安装状态：安装	□是□否

续表 2–8–2

序号	检测项目	预期结果	是否通过
10	票箱安装 / 卸下状态监视	LCWS 监控界面可查看车站终端设备票箱安装状态：卸下	□是□否
11	发行模块状态监视（自动售票机、半自动售票机）	LCWS 监控界面可查看车站终端设备发行模块状态：正常、故障等	□是□否
12	自动售票机—维修打印机状态监视	LCWS 监控界面可查看自动售票机维修打印机状态：正常、故障等	□是□否
13	自动售票机—硬币模块状态监视	LCWS 监控界面可查看自动售票机硬币模块状态：正常、故障等	□是□否
14	自动售票机—纸币模块状态监视	LCWS 监控界面可查看自动售票机纸币模块状态：正常、故障等	□是□否
15	自动检票机—回收模块状态监视	LCWS 监控界面可查看自动检票机回收模块状态：正常、故障等	□是□否
16	自动检票机—扇门模块状态监视	LCWS 监控界面可查看自动检票机扇门模块状态：正常、故障等	□是□否
17	半自动售票机—打印机状态监视	LCWS 监控界面可查看半自动售票机打印机状态：正常、故障等	□是□否

（2）系统控制检测如表 2–8–3 所示。

表 2–8–3 系统控制检测表

检测功能：系统控制			
检测目标：验证 LC 下发控制指令，设备能成功接收并处理			
检测范围：设备公共指令：暂停服务、远程唤醒、设备关闭、设备重启、强制时钟同步； 自动售票机指令：可售票、可充值、无找零模式、可收纸币、可收硬币； 自动检票机指令：通道方向			
启动条件： 1. 车站终端设备 –SC–LC 通信正常； 2. 线路系统运行正常； 3. 线路工作站（LCWS）运行正常； 4. 车站终端设备处于正常服务状态			
序号	检 测 项 目	预期结果	是否通过
1	设备处于正常服务状态 在 LCWS 监控界面针对单站 / 单设备类型 / 单台下发暂停服务指令	设备接收并处理，设备暂停服务（除半自动售票机外）	□是□否
2	设备处于运营状态 在 LCWS 监控界面针对单站 / 单设备类型 / 单台下发设备关机指令	设备接收并处理，设备执行关机	□是□否
3	设备处于关机状态 在 LCWS 监控界面针对单站 / 单设备类型 / 单台下发唤醒指令	设备接收并处理，设备执行开机	□是□否

续表 2-8-3

序号	检测项目	预期结果	是否通过
4	设备（自动检票机、自动售票机）处于暂停服务状态	设备接收并处理，设备正常服务	□是□否
	在 LCWS 监控界面针对单站 / 单设备类型 / 单台下发正常服务指令		
5	设备处于运营服务状态	设备接收并处理，设备执行重启	□是□否
	在 LCWS 监控界面针对单站 / 单设备类型 / 单台下发重启指令		
6	设置设备时钟与上位不一致	车站终端设备与上位时钟同步成功下位与上位时钟一致	□是□否
	在 LCWS 监控界面针对单站 / 单设备类型 / 单台强制时钟同步		
7	设备处于运营服务状态	设备接收并处理，设备执行重启	□是□否
	在 LCWS 监控界面针对单站 / 单设备类型 / 单台下发重启指令		
8	自动售票机处于正常服务状态	自动售票机接收并处理，设备只售票，不可充值	□是□否
	在 LCWS 监控界面针对单台 / 单设备类型 / 单站下发只售票模式指令		

续表 2-8-3

序号	检测项目	预期结果	是否通过
9	自动售票机处于正常服务状态 在 LCWS 监控界面针对单台 / 单设备类型 / 单站下发只充值模式指令	自动售票机接收并处理，设备只充值，不售票	□是□否
10	自动售票机处于正常服务状态（可纸币 + 硬币找零） 在 LCWS 监控界面针对单台 / 单设备类型 / 单站下发只硬币找零指令	自动售票机接收并处理，设备只硬币找零	□是□否
11	自动售票机处于正常服务状态（可纸币 + 硬币找零） 在 LCWS 监控界面针对单台 / 单设备类型 / 单站下发只纸币找零指令	自动售票机接收并处理，设备硬币、纸币找零	□是□否
12	自动售票机处于正常服务状态（可纸币 + 硬币找零） 在 LCWS 监控界面针对单台 / 单设备类型 / 单站下发无找零模式指令	自动售票机接收并处理，设备处于无找零模式	□是□否
13	自动售票机处于正常服务状态（可收纸币 + 硬币）	自动售票机接收并处理，设备只收纸币购票，不收硬币	□是□否

续表 2-8-3

序号	检 测 项 目	预期结果	是否通过
13	在 LCWS 监控界面针对单台 / 单设备类型 / 单站下发只收纸币指令	自动售票机接收并处理，设备只收纸币购票，不收硬币	□是□否
14	自动售票机处于正常服务状态（可收纸币 + 硬币）	自动售票机接收并处理，设备只收硬币购票，不收纸币	□是□否
	在 LCWS 监控界面针对单台 / 单设备类型 / 单站下发只收硬币指令		
15	双向自动检票机	自动检票机接收并处理，设备处于单进模式	□是□否
	在 LCWS 监控界面针对单台 / 单站 / 单类型下发单进指令		
16	双向自动检票机	自动检票机接收并处理，设备处于单出模式	□是□否
	在 LCWS 监控界面针对单台 / 单站 / 单类型下发单出指令		
17	通道方向处于单进 / 出的双向自动检票机	自动检票机接收并处理，设备处于双向模式	□是□否
	在 LCWS 监控界面针对单台 / 单站 / 单类型下发双向指令		

（3）模式管理检测如表 2-8-4 所示。

表 2-8-4　模式管理检测表

检测功能：模式管理			
检测目标：验证 LC 下发 / 解除模式，设备能成功接收并处理			
检测范围： 1．模式包括正常模式、紧急模式、降级模式； 2．降级模式包括：日期免检、时间免检、列车故障模式、车费免检、进站免检、出站免检、进站次序免检、出站次序免检、进出站次序免检等			
启动条件： 1．车站终端设备 -SC-LC 通信正常； 2．整体系统运行正常； 3．车站终端设备处于正常服务状态			
序号	检测项目	预 期 结 果	是否通过
1	LCWS 触发紧急模式	1．自动检票机维护界面可查询到当前运营模式为紧急放行模式； 2．自动检票机扇门打开，界面显示紧急模式，请快速通行	□是□否
2		自动售票机维护界面可查询到当前运营模式为紧急模式	□是□否
3		半自动售票机界面可查询到当前运营模式为紧急模式	□是□否
4		SCWS 界面查看 SC 当前运营模式为紧急模式	□是□否
5	LCWS 解除紧急模式	模式解除后，自动检票机恢复正常服务模式	□是□否
6		模式解除后，自动售票机恢复正常服务模式	□是□否

续表 2-8-4

序号	检测项目	预期结果	是否通过
7	LCWS 解除紧急模式	模式解除后，半自动售票机恢复正常服务模式	□是□否
8		模式解除后，SC 恢复正常服务模式	□是□否
9	LCWS 触发列车故障模式	自动检票机维护界面可查询到当前运营模式为列车故障模式	□是□否
10		自动售票机维护界面可查询到当前运营模式为列车故障模式	□是□否
11		半自动售票机界面可查询到当前运营模式为列车故障模式	□是□否
12		SCWS 界面查看 SC 当前运营模式为列车故障模式	□是□否
13	LCWS 解除列车故障模式	模式解除后，自动检票机恢复正常服务模式	□是□否
14		模式解除后，自动售票机恢复正常服务模式	□是□否
15		模式解除后，半自动售票机恢复正常服务模式	□是□否
16		模式解除后，SC 恢复正常服务模式	□是□否

（4）参数管理检测如表 2-8-5 所示。

表 2-8-5　参数管理检测表

<table>
<tr><td colspan="4">检测功能：参数管理</td></tr>
<tr><td colspan="4">检测目标：验证整体系统参数下载、同步流程；
参数类型：ACC 参数、LC 参数</td></tr>
<tr><td colspan="4">检测范围：
1. LC- 软件版本下发；
2. 权限参数生成、下发；
3. 设备运营参数生成，下发；
4. ACC 参数同步；
5. 参数 / 软件版本查询；
6. 参数 / 软件差异版本查询（车站）；
7. 参数 / 软件差异版本查询（设备）</td></tr>
<tr><td colspan="4">启动条件：
1. 车站终端设备 -SC-LC 通信正常；
2. 整体系统运行正常；
3. 准备要下发新版软件、参数</td></tr>
<tr><td>序号</td><td>检 测 项 目</td><td>预 期 结 果</td><td>是否通过</td></tr>
<tr><td>1</td><td rowspan="3">1. 在 LC 制作、生成权限参数；
2. 在 LCWS 界面执行权限参数下发</td><td>SC 执行参数下载</td><td>□是□否</td></tr>
<tr><td>2</td><td>设备执行参数下载</td><td>□是□否</td></tr>
<tr><td>3</td><td>车站终端设备 -SC-LC 参数版本一致</td><td>□是□否</td></tr>
<tr><td>4</td><td>1. 上传设备最新软件版本；
2. 在 LCWS 界面执行各设备软件版本下发</td><td>SC 执行软件版本下载</td><td>□是□否</td></tr>
</table>

续表 2-8-5

序号	检 测 项 目	预 期 结 果	是否通过
5	1. 上传设备最新软件版本； 2. 在 LCWS 界面执行各设备软件版本下发	设备执行软件版本下载	□是□否
6		车站终端设备 -SC-LC 软件版本一致	□是□否
7	1. 在 LC 制作、生成设备运营参数； 2. 在 LCWS 界面执行设备运营参数下发	SC 执行参数下载	□是□否
8		设备执行参数下载	□是□否
9		车站终端设备 -SC-LC 参数版本一致	□是□否
10	1. ACC 新版参数上传 LC； 2. 在 LCWS 执行参数同步	1. SC 执行参数下载； 2. 设备执行参数下载； 3. TPU- 车站终端设备 -SC-LC 参数版本一致； 4. 对于需要下载至 TPU 的参数，每个读卡器中的参数版本，包括 TPU 中当前的软件版本，均需要上报至 SC、LC，并有专门的画面进行差异查询	□是□否
11	参数 / 软件版本查询	界面显示线路 ACC 参数、LC 参数	□是□否
12	参数 / 软件差异查询（车站）	界面显示车站参数版本与线路参数版本对比列表信息，版本差异的以显著颜色标注	□是□否
13	参数 / 软件差异查询（设备）	界面显示设备参数 / 软件版本与车站的参数 / 软件版本对比列表信息，版本差异的以显著颜色标注	□是□否

（5）客流管理检测如表 2-8-6 所示。

表 2-8-6　客流管理检测表

<table>
<tr><td colspan="3">检测功能：客流管理</td></tr>
<tr><td colspan="3">检测目标：验证 LC 系统实时监控本线路车站售票、进 / 出站客流统计以及历史客流数据统计</td></tr>
<tr><td colspan="3">检测范围：为了满足业务需求，线路客流分析包括内容：
客流实时查询、客流单日汇总、车站间对比、近 5 天分时对比、客流分析 - 近 15 天总量对比</td></tr>
<tr><td colspan="3">启动条件：
1．车站终端设备 -SC-LC 通信正常；
2．整体系统运行正常；
3．线路各车站设备执行售票、进站、出站等业务操作</td></tr>
<tr><td>检 测 项 目</td><td>预 期 结 果</td><td>是否通过</td></tr>
<tr><td>线路各车站执行业务操作：
半自动售票机售票 10 张；
自动售票机售票 15 张；
自动检票机进站 10 笔；
自动检票机出站 5 笔</td><td>客流监视界面展示：
按可选条件生成客流分时统计数据，数据跟实际操作一致</td><td>□是□否</td></tr>
</table>

（6）与 ACC 接口检测如表 2-8-7 所示。

表 2-8-7　与 ACC 接口检测表

检测功能：与 ACC 接口检测			
检测目标：验证 LC 接入 ACC 系统，在通信正常情况下，检测范围功能能满足《标准》要求			
检测范围：ACC 参数下发、ACC 模式下发、ACC 对账文件下发、票卡管理（车票配发、车票调拨、车票回收）、LC 交易数据上传、LC 审计数据上传、LC 对账文件上传、SAM 卡信息上报等			
启动条件： 1. LC-ACC 通信正常； 2. LC、ACC 系统运行正常			
序号	检 测 项 目	预 期 结 果	是否通过
1	ACC 参数下发	可正常处理	□是□否
2	LC 交易数据上传	可正常处理	□是□否
3	LC 审计数据上传	可正常处理	□是□否
4	ACC 模式下发	可正常处理	□是□否
5	ACC 对账文件下发	可正常处理	□是□否
6	LC 对账差异文件上传	可正常处理	□是□否
7	票卡调配	可正常处理	□是□否
8	SAM 卡信息上报	可正常处理	□是□否

第五节　施 工 记 录

施工过程的阶段性完成情况和监理见证认可等应有完整的记录文件。

第六节　交 收 清 单

完成施工安装后的中央计算机系统，应有包含配件、设置、标识和网络组合等内容完整的安装完工交收清单。

第九章　票务清分系统

第一节　概　述

票务清分系统是用于对路网内各线路自动售检票系统的管理和控制，对不同线路的票、款进行结算，发行和管理轨道交通车票，并具有与城市公共交通卡及其他多元化支付平台进行清算功能的系统，其工程质量验收主要包括：施工准备、设备安装与接线、设备功能检测及施工质量验收等。

第二节　施 工 准 备

9.2.1　施工前检查

根据自动售检票系统工程的设计要求，监理和施工单位必须在票务清分系统施工前进行被安装设备的核对和检查，以下各项必须完全符合设备技术条件和工程采购合同的要求：

1. 数量。

2. 型号。

3. 规格。

4. 设备的外观。

5. 包装。

6. 随机文件应包括：产品使用说明书、合格证、装箱清单、技术文件等。

7. 出厂编号、箱号或合同号。

8. 装箱日期。

9. 出厂的相关技术资料，并需对随机资料及设备所附的配件加以妥善保管，防止丢失和混淆。

9.2.2 安装现场检查

安装现场检查应符合以下各项要求：

1．安装位置。

2．预埋管线的出线口尺寸、数量、位置。

3．墙面、防静电架空地板及吊顶（若有）应装饰完毕。

4．计算机操作台已安装完毕，且台面清洁。

5．安装作业现场应畅通干净。

6．预埋管槽畅通、清洁，无积水。

7．预装设备位置上方无漏水点。

8．设备运行环境（温度和湿度等）应符合设备技术条件要求。

9．有预埋管线质量检测监理记录。

第三节 设备的接线与安装

9.3.1 连接线检查

连接线检查应符合以下要求：

1．穿管出线口保护应符合设计要求。

2．线缆（包括电源线、网络线及控制线）完好。

3．预留尾线长度足够。

4．线缆标识清楚。

5．有施工完成的质量检测监理记录。

6．出线口位置留有线缆品牌标识为佳。

9.3.2 设备安装

设备安装应符合以下要求：

1．根据清分系统设计要求放置设备。

2．设备的安装点尽量远离排水口或漏水口。

3. 设备操作台必须安装牢固，无晃动。

4. 主计算机机柜必须安装在牢固坚硬的地板或支架上，地板必须满足机器重量的荷载要求，以防止安装机器后出现地板下陷倾斜的现象，且无晃动。

5. 设备安装后的垂直与水平度应符合设备技术条件要求。

6. 接线人员应有合格的上岗资质，接线工艺符合相关标准要求。

7. 设备内线缆有明显标识。

第四节　设备基本功能检测

9.4.1　配置

检查设备配置应符合产品配置要求，重点关注网络冗余配置满足系统设计要求。

9.4.2　功能测试

根据工程采购合同要求完成功能测试方案，完成功能点的逐项测试，包括但不限于票种发行功能、路网密钥管理功能、票价设置功能、车票管理功能、全网参数管理功能、路网数据查询统计功能、路网收益清分结算功能、清分系统参数管理功能、设备运行信息管理功能、清分系统管理功能等。

功能测试点举例如下：

1. 设置清分系统运营模式，设置清分系统运营参数，设置路网基本信息、自动售票机售票界面、车票类型参数、节假日、高峰时段等其他业务参数，具有清分比例、换乘规则和路网费率计算机调整功能，同时应能将参数下达到各线路中央计算机系统。

2. 路网票务清分系统主要完成交易数据的接收、分析、处理、转发与存储，账务的归整、核对、结算及清分功能。

3．票务管理子系统主要负责票库库存管理、出入库管理、制票及配票管理、无效车票/废票的回收管理，实现对票卡的动态库存管理，存储所有票卡账户及状态数据。

4．票卡管理系统包括编码/分拣机和票卡制作系统，用于对发行和管理的所有票卡进行初始化编码、赋值、重编码、注销、分拣等。票卡制作系统可根据不同需要进行卡面的印刷及与编码机配合进行票卡个性化数据处理。

5．密钥系统应具有生成系统密钥，并进行密钥管理的功能。密钥系统是整个轨道交通 AFC 系统安全体系的核心。

6．数据交换系统完成与公共交通卡管理中心或其他多元化支付平台间信息数据的交换，并负责对账结算。

7．报表管理系统主要负责生成财务、客流、收益及其他相关的汇总、统计报表以及提供相应的报表查询、打印服务，并可根据需要进行表格的灵活定制。

8．网络管理系统用于对路网全部网络设备进行配置、监视和控制。同时，网管系统还应进行储存、备份管理、应用程序管理（操作系统、数据库等）以及对服务器硬件（CPU 占用、硬盘空间、I/O 响应等）进行管理。

9．具有软件维护开发系统及系统测试平台，以供各条线路和其他应用接入的测试和使用。该系统独立于实际运营系统，系统包含的所有硬件、软件、流程都是跟实际系统一致，该系统中可安全地修改软件和进行测试，而不影响实际运营系统，并且由于数据是从实际运营系统导入，所以该系统可以较好地模拟实际系统。

10．异地容灾系统，在正常工作时，所有数据通过轨道交通骨干通信网进行交换，数据的备份是实时在线备份，一旦路网票务清分出现严重故障，异地容灾系统能在最短的时间内接管。

11．数据备份系统按照合同要求完成历史数据的备份，并可以在需要时对历史数据进行访问恢复。

9.4.3 处理测试

处理测试应符合以下要求：

1. 在线交易部分，以清分系统设计的最大容量交易数据，一定时限内重复地由模拟的客户环境向中心端持续发出交易需求进行交易。测试的合格标准为一定比例的交易需在设定的时间内成功交易（如测试进行 15min，95% 的交易需在 3s 内响应且完成交易）。

2. 批次交易部分，仿真系统设计的最大容量交易由正式系统环境进行处理。测试的合格标准为所有数据需在设定的时间内处理完成，处理结果正确无误（如 1000 万笔交易数据在 2h 内完成处理）。

3. 各种测试方式下，观察站级设备、车站及计算机系统、中央级计算机系统、清分系统各层级间数据不能存在差异，不能存在数据延迟。

9.4.4 压力测试

压力测试应符合以下要求：

1. 在线交易部分，以清分系统设计容量最大交易数据的 3 倍交易数据量，由仿真的客户环境向中心端一次性发出交易需求进行交易。测试的合格标准为在测试时系统可完成设计容量内的交易，测试完成后，清分系统仍然可提供正常服务（超出设计容量的交易可以不完全交易成功）。

2. 批次交易部分，仿真系统按设计容量最大交易量的 2 倍由正式系统环境进行处理。测试的合格标准为所有数据需在设定的 2 倍时间内处理完成，处理结果正确无误（如 1000 万笔交易数据在 2h 内完成处理，则 2000 万笔交易数据应在 4h 内完成处理）。

9.4.5 稳定度综合测试

以清分系统预估的实际交易数，由仿真的客户环境模拟尖峰离峰状况，以定义的较长时间（如 7 天）向中心端发出交易需求进行交易。测试的合格标准为所有交易必须成功，且运行系统的可用度（可服务时间）需达一定的比例（如 99.99%）。

9.4.6 服务安全测试

清分系统服务安全测试的种类及原则如下：

1．服务器设备故障：模拟服务器设备发生故障，测试系统在此状况时所能提供的服务能力。测试的合格标准为联机操作应仍能维持最低的交易能力，批次作业则为系统恢复后，应能正确无误地处理障碍发生前所有未能处理完成的数据。

2．网络故障：将网络线拔除，模拟网络设备发生故障，测试系统在此状况时所能提供的服务能力。测试的合格标准为联机操作应仍能维持最低的交易能力，若有批次作业受到网络故障影响，则当网络系统恢复后，应能正确无误地处理障碍发生前所有未能处理完成的数据。

3．数据库服务障碍：模拟数据库发生服务障碍，测试系统在此状况时所能提供的服务能力。测试的合格标准为联机操作应仍能维持最低的交易能力，批次作业则为清分系统恢复后，应能正确无误地处理障碍发生前所有未能处理完成的数据。

4．整体设备发生障碍（异地备援测试）：当原有正式中心因灾害或其他原因无法继续提供清分系统服务时，异地备援中心启动并接手服务的测试。测试的合格标准应为接手服务的时间及可容忍的数据损失度。

5．数据备份复原测试：依据备份策略进行数据备份复原测试，包含日备份、周备份、月备份及整体备份、增量备份等测试。测试的合格标准为备份作业需于规定时间内完成。

9.4.7 性能测试

1．测试目的。

清分系统性能测试是在功能测试完成以后，对应用清分系统能够达到要求的性能设计指标的测试。性能测试的目的是尽可能多地将应用软件性能问题发现在清分系统上线运行之前，确保应用软件达到预期的质量要求，保证应用软件上线之后平稳高效地运行。

为保证技术性能测试的有效性，各项性能设计指标应在同一套系统配置参数（包括操作系统参数、数据库参数、应用系统参数等）的情况下进行测试得到。

在对主机系统进行性能压力测试后，为了能够更好地掌握主机今后进行硬件扩容后的系统性能指标，建议可以对后台应用服务器和数据库服务器的 CPU 个数进行增加、内存进行扩充，以扩充前后设备的 TPCC 值的比值为扩充系数，调整基础数据、报文数据数量和部分测试指标（具体包括主机忙时每小时持续处理报文量、主机峰值每秒处理报文量、日最大报文量等），按照技术性能测试方案进行测试，并将扩充前后的结果加以比较和分析。

2．测试环境。

测试环境使用票务清分系统生产环境，利用系统上线前的时间段完成性能测试。测试内容包括清分各个核心子系统分别测试其性能指标。

3．测试工具。

采用仿真器、压力测试数据生成工具等。使用多个仿真器，模拟多个线路中央。

4．测试数据。

使用仿真器或数据生成工具产生两天交易明细数据，模拟产生每天的 800 万客流交易明细数据，两天共计 1600 万客流交易数据。

模拟产生的交易明细数据按售票、进站、出站和更新等类型合理分配。

5. 测试过程：

（1）准备模拟客流数据。

（2）将数据库进行数据全备份，为同一配置下的其他联机交易性能测试和日终批处理性能测试做好数据准备。

（3）按照压力测试软件操作说明配置相关参数，按比例生成 *N* 笔交易数据。

（4）通过仿真器向票务清分系统持续发送准备好的交易，具体方式为：

1）每个线路中心以连续（各个线路中心发送速度可以不同）的速度向清分中心发送数据，监控系统的 CPU 利用率、I/O 利用率。

2）调整仿真器数量，监控清分系统的 CPU 利用率、I/O 利用率。

3）继续动态增加发送速度，直到系统的 CPU 利用率达到 75%，I/O 利用率达到 70% 时，稳定该发送配置，持续发送 10 min，监控 10 min 内的 CPU 平均利用率接近 75%，I/O 平均利用率接近 70% 后，直至发送完毕。

（5）票务清分系统回退到测试前，根据稳定的发送配置，重新发送明细直至交易全部发送完毕。

（6）压力测试软件自动记录每笔交易请求发送时间、应答接收时间、应答状态；自动统计某时间段内持续发送总笔数，每类交易发送笔数、响应最短时间、响应最长时间、响应平均时间和交易成功笔数。

（7）通过系统监控软件记录 CPU 利用率、I/O 利用率、内存使用率。

（8）通过票务清分系统日志查看，处理时间，计算出票务清分系统压力处理能力。

9.4.8 可靠性测试

1．测试目的。

可靠性能测试是在功能测试完成以后，对应用系统的健壮性进行测试。可靠性测试的目的是在清分系统上线运行之前尽可能模拟清分系统与外部系统接口数据的异常情况，检验清分系统的健壮性满足验收要求。

2．测试环境。

测试环境使用清分中心生产环境，利用清分系统上线前的时间段完成性能测试。测试内容包括清分各个核心子系统对异常数据的处理能力。

3．测试工具。

采用仿真器、压力测试数据生成工具等。使用多个仿真器，编辑异常接口数据。

4．测试数据。

根据接口协议，使用仿真器或数据生成工具产生可预见的各类异常数据，包括字段类型错误、数值越界、接口长度及内容合理性异常等。

5．测试过程：

（1）准备异常接口数据。

（2）将数据库进行数据全备份，为同一配置下的清分系统可靠性测试做好数据准备。

（3）按照可靠性测试软件操作说明配置相关参数，配置异常交易组合。

（4）通过仿真器向清分中心发送准备好的异常接口数据，具体方式为：

1）单异常接口数据测试，分别将各种异常接口测试数据单步向票务清分系统发送，每发送一笔异常数据后需检查系统运行情况，检查日志或系统报警信息，确认异常数据已被系统捕捉并正常处理。

2）批量异常接口数据测试，将各种异常接口测试数据组合并连续向票务清分系统发送，发送过程中观察清分系统运行情况，实时跟踪日志及系统报警信息。

（5）通过票务清分系统日志查看系统运行状况，检验系统对异常数据的处理能力。

9.4.9 个性化发卡功能测试

1．个性化发卡设备提供对地铁发行票卡的个性化票卡制作功能，特别是可以针对地铁员工、地铁相关维护人员进行定制化打印，可对票卡进行初始化及个性化印刷。

2．主要功能包括：

（1）对记名储值卡和地铁员工票进行个性化制作。

（2）清分系统能够接受个性化票卡制作申请，并形成任务记录。

（3）清分系统可记录记名储值卡、员工票的个性化信息，如姓名、性别、证件类型、证件号码、相片等，并通过专用设备在车票上印制持票人的相片，票卡内写入个性化信息。

（4）清分系统完成个性化票卡制作后，个性化票卡信息需进行统一处理，生成票卡账户信息，便于报表生成及查询。

第五节　施 工 记 录

施工过程的阶段性完成情况和监理见证认可等应有完整的记录文件。

第六节　交 收 清 单

完成施工安装后的票务清分系统，应有包含配件、设置、标识和网络组合等内容完整的安装完工交收清单。

附　　录

附录 A　施工阶段监理工作基本表式示例

表 A-1　总监理工程师任命书

工程名称：　　　　　　　　　　　　　　　　　　编号：

致：____________________（建设单位） 兹任命_____（注册监理工程师注册号：_________）为我单位__________项目总监理工程师。负责履行建设工程监理合同、主持项目监理单位工作。 项目监理单位（盖章）： 总监理工程师（签字）： 年　　月　　日

注：本表一式三份，项目监理单位、建设单位、施工单位各一份。

表 A–2　工程开工令

工程名称：　　　　　　　　　　　　　　　　　　　编号：

致：________________（施工单位） 经审查，本工程已具备施工合同约定的开工条件，现同意你方开始施工，开工日期为：____年____月____日。 附件：工程开工报审表 项目监理单位（盖章）： 总监理工程师（签字、加盖执业印章）： 年　　月　　日

注：本表一式三份，项目监理单位、建设单位、施工单位各一份。

表 A–3 单位工程监理人员表

编号：

<table>
<tr><td>工程名称</td><td colspan="3"></td><td>合同编号</td><td></td></tr>
<tr><td>施工单位
名称</td><td></td><td>开工
日期</td><td></td><td>竣工日期</td><td></td></tr>
</table>

序号	分部工程名称	监理人员姓名	岗位证书编号	监理人员签字

项目监理单位（盖章）：

总监理工程师（签字）：

年　　月　　日

表 A-4 监理通知单

工程名称： 编号：

致：________________________（施工单位）

事由：

内容：

项目监理单位（盖章）：

总 / 专业监理工程师（签字）：

年 月 日

注：本表一式三份，项目监理单位、建设单位、施工单位各一份。

表 A–5　监理报告

工程名称：　　　　　　　　　　　　　　　　　　编号：

致：________________________（主管部门） 　　由____________________（施工单位）施工的_______________（工程部位），存在安全事故隐患。我方已于____年____月____日发出编号为_______的《监理通知单》/《工程暂停令》，但施工单位未整改/停工。 　　特此报告。 　　附件：☐监理通知单 　　　　　☐工程暂停令 　　　　　☐其他 项目监理单位（盖章）： 总监理工程师（签字）： 年　　月　　日

注：本表一式三份，主管部门、建设单位、项目监理单位各一份。

表 A-6 工程暂停令

工程名称： 编号：

致：____________________（施工单位） 由于____ ____ 原因，现通知你方于____年____月____日____时起，暂停__________ 部位（工序）施工，并按下述要求做好后续工作。 要求：   项目监理单位（盖章）： 总监理工程师（签字、加盖执业印章）： 年 月 日

注：本表一式三份，项目监理单位、建设单位、施工单位各一份。

表 A–7　旁站记录

工程名称：　　　　　　　　　　　　　　　编号：

旁站的关键部位、关键工序		施工单位	
旁站开始时间	年　月　日 时　分	旁站结束时间	年　月　日 时　分
旁站的关键部位、关键工序施工情况：			
发现的问题及处理情况： 旁站监理人员（签字）： 年　月　日			

注：本表一式一份，项目监理单位留存。

表 A-8　工程复工令

工程名称：　　　　　　　　　　　　　　　　　　　编号：

致：________________________（施工单位） 　　我方发出的编号为____________________的《工程暂停令》，要求暂停施工的_________部位（工序），经查已具备复工条件。经建设单位同意，现通知你方于____年____月____日____时起恢复施工。 　　附件：工程复工报审表   项目监理单位（盖章）： 总监理工程师（签字、加盖执业印章）： 年　　月　　日

注：本表一式三份，项目监理单位、建设单位、施工单位各一份。

表 A-9 工程款支付证书

工程名称：　　　　　　　　　　　　　　　　　　　　　　编号：

致：______________________（施工单位）

根据施工合同约定，经审核编号为_______的工程款支付报审表，扣除有关款项后，同意支付工程款共计________________（大写）（小写：______________）。

其中：

1. 施工单位申报款为：
2. 经审核施工单位应得款为：
3. 本期应扣款为：
4. 本期应付款为：

附件：工程款支付报审表及附件

项目监理单位（盖章）：

总监理工程师（签字、加盖执业印章）：

年　　月　　日

注：本表一式三份，项目监理单位、建设单位、施工单位各一份。

表 A-10 工程检验认可书

编号：

<table>
<tr><td>工程名称</td><td colspan="2"></td><td>合同编号</td><td></td></tr>
<tr><td>里程</td><td></td><td>项目监理单位</td><td colspan="2"></td></tr>
<tr><td colspan="5">致＿＿＿＿＿＿＿＿（设备供应商）：
第＿＿号工程报验单所报之＿＿＿＿＿＿＿＿＿＿＿＿＿＿＿＿（工程或项目名称）工程，经查验为优质 / 合格。</td></tr>
<tr><td colspan="5">施工放样认可：

测量监理工程师（签字）：　　　　日期：</td></tr>
<tr><td colspan="5">材料试验认可：

试验监理工程师（签字）：　　　　日期：</td></tr>
<tr><td colspan="5">施工质量认可：

专业监理工程师（签字）：　　总监理工程师（签字）：　　日期：　　（盖章）</td></tr>
</table>

注：本表一式五份，建设单位、项目监理单位各一份，设备供应商三份。

附录B　施工阶段工程设备施工通用表式示例

表 B–1　工程开工 / 复工报审表

工程名称：　　　　　　　　　　　　　　编号：

致：________________________（建设单位）

____（项目监理单位）

我方承担的____________________________工程，已完成相关准备工作，具备开工 / 复工条件，申请于____年____月____日开工 / 复工，请予以审批。

附件：证明文件资料

施工单位（盖章）：

项目经理（签字）：

年　月　日

审查意见：

项目监理单位（盖章）：

总监理工程师（签字、加盖执业印章）：

年　月　日

审查意见：

建设单位（盖章）：

建设单位代表（签字）：

年　月　日

注：本表一式三份，项目监理单位、建设单位、施工单位各一份。

表 B–2　工程停工事件纠正方案及措施

编号：

<table>
<tr><td>工程名称</td><td></td><td>合同编号</td><td></td></tr>
<tr><td>工程停止令</td><td colspan="3"></td></tr>
<tr><td>工程停止项目</td><td colspan="3"></td></tr>
<tr><td>产生停工原因</td><td colspan="3"></td></tr>
<tr><td>对停工事件采取的纠正方案</td><td colspan="3"></td></tr>
<tr><td>对停工事件应采取的纠正措施</td><td colspan="3"></td></tr>
<tr><td colspan="4">技术负责人（签字）：　　（盖章）日期：</td></tr>
<tr><td colspan="4">项目监理单位审核意见：

专业监理工程师（签字）：　　总监理工程师（签字）：　　（盖章）日期：</td></tr>
</table>

注：本表一式三份，建设单位、项目监理单位、设备供应商各一份。

表 B–3　复工准备自检表

编号：

工程名称		合同编号	
工程停工令：			
工程停工项目：			
对事件应采取的纠正方案：		纠正方案落实情况：	
对事件应采取的纠正措施：		纠正措施落实情况：	
对恢复施工已准备工作：			
自检结论： 自检负责人（签字）：　技术负责人（签字）：　（盖章）日期：			

注：本表一式三份，建设单位、项目监理单位、设备供应商各一份。

表 B–4　工程洽商及技术核定签证表

编号：

<table>
<tr><td colspan="3">工程名称</td><td colspan="3"></td><td colspan="3">设计单位</td><td colspan="3"></td><td colspan="3">建设单位</td><td colspan="3"></td></tr>
<tr><td colspan="3">单位工程名称</td><td colspan="3"></td><td colspan="3">施工单位</td><td colspan="3"></td><td colspan="3">项目监理单位</td><td colspan="3"></td></tr>
<tr><td colspan="18">洽商问题：</td></tr>
<tr><td colspan="18">核定内容：</td></tr>
<tr><td colspan="18">执行结果：</td></tr>
<tr><td colspan="4">建设单位</td><td colspan="5">设计单位</td><td colspan="5">项目监理单位</td><td colspan="4">施工单位</td></tr>
<tr><td colspan="4">建设单位代表
（签字）：

年　月　日</td><td colspan="5">项目负责人
（签字）：

年　月　日</td><td colspan="5">专业监理工程师
（签字）：

总监理工程师
（签字）：

年　月　日</td><td colspan="4">技术负责人
（签字）：

年　月　日</td></tr>
</table>

表 B–5　设备供应商申报表（通用）

编号：

<table>
<tr><td>工程名称</td><td></td><td>合同编号</td><td></td></tr>
<tr><td colspan="4">致：________________（监理工程师）
　　事由______________________________________
____
申报内容：
____
____
____
____
____
经办人（签字）：　　　　项目经理（签字）：　　　　（盖章）</td></tr>
<tr><td colspan="4">项目监理单位意见：

专业监理工程师（签字）：　　总监理工程师（签字）：　　（盖章）</td></tr>
<tr><td colspan="4">建设单位意见：

日期：　　　　（盖章）</td></tr>
</table>

注：本表份数和申报文件规定的份数一致。

表 B--6　分包单位资格报审表

工程名称：　　　　　　　　　　　　　　　　编号：

致：________________________（项目监理单位）

经考察，我方认为拟选择的________________________（分包单位）具有承担下列工程的施工或安装的资质和能力，可以保证本工程按施工合同第______条款的约定进行施工或安装。请予以审查。

分包工程名称（部位）	分包工程量	分包工程合同额
合计		

附件：1. 分包单位资质材料

2. 分包单位业绩材料

3. 分包单位专职管理人员和特种作业人员的资格证书

4. 施工单位对分包单位的管理制度

施工单位（盖章）：

项目经理（签字）：

年　　月　　日

审查意见：

专业监理工程师（签字）：

年　　月　　日

审核意见：

项目监理单位（盖章）：

总监理工程师（签字）：

年　　月　　日

注：本表一式三份，项目监理单位、建设单位、施工单位各一份。

表 B–7　特殊工种作业人员统计表

工程名称：　　　　　　　　　　　　　　　　　　　编号：

工程名称		合同编号	

致：____________________（项目监理单位）

现报上本工程特殊工程作业人员名单及其资格证件，请检查。工程进行中如有调整，将重新统计并上报。

附件：

设备供应商（盖章）：

项目经理（签字）：

年　月　日

姓名	工种	证件编号	发证单位	有效期

注：本表一式两份，由设备供应商填报，项目监理单位、设备供应商各一份。

表 B-8　施工组织设计 /（专项）施工方案报审表

工程名称：　　　　　　　　　　　　　　　　编号：

致：______________（项目监理单位） 　　我方已完成______工程施工组织设计 /（专项）施工方案的编制和审批，请予以审查。 　　附件：□施工组织设计 　　　　　□专项施工方案 　　　　　□施工方案 施工单位（盖章）： 项目经理（签字）： 年　月　日
审查意见： 专业监理工程师（签字）： 年　月　日
审核意见： 项目监理单位（盖章）： 总监理工程师（签字、加盖执业印章）： 年　月　日
审批意见（仅对超过一定规模的危险性较大的分部分项工程专项施工方案）： 建设单位（盖章）： 建设单位代表（签字）： 年　月　日

注：本表一式三份，项目监理单位、建设单位、施工单位各一份。

表 B–9　施工技术交底记录

编号：

<table>
<tr><td>工程名称</td><td></td><td>合同编号</td><td></td></tr>
<tr><td>单位（或分单位）工程名称</td><td></td><td>施工单位</td><td></td></tr>
<tr><td>交底部位</td><td></td><td>交底时间</td><td></td></tr>
<tr><td colspan="4">交底内容：

技术负责人（签字）：
（盖章）：
年　月　日</td></tr>
<tr><td colspan="2">交底人</td><td colspan="2">接受交底人</td></tr>
<tr><td colspan="2"></td><td colspan="2"></td></tr>
</table>

表 B–10　工程施工进度计划（调整计划）报审表

工程名称：　　　　　　　　　　　　　　　　　　　　编号：

致：________________________（项目监理单位） 　　兹报上____________________工程施工进度计划（调整计划），请审核批准。 　　编制说明： 　　附件：计划表 　　　　　　　　　　　　申报单位（盖章）： 　　　　　　　　　　　　项目经理（签字）：　　　　　　日期：
专业监理工程师审查意见： 1. 同意　　　　2. 不同意　　　　3. 应补充
专业监理工程师（签字）：　　　　　　日期：
总监理工程师（签字、加盖执业印章）：　　　　　　日期：
抄报：

注：本表由施工单位填写一式三份，审核后建设单位、项目监理单位、设备供应商各一份。

表 B-11　施工进度计划报审表

工程名称：　　　　　　　　　　　　　　　　编号：

致：＿＿＿＿＿＿＿＿＿＿＿＿＿＿（项目监理单位） 根据施工合同约定，我方已完成＿＿＿＿＿＿＿＿＿＿工程施工进度计划的编制和批准，请予以审查。 附件：□施工总进度计划 □阶段性进度计划 施工项目经理部（盖章）： 项目经理（签字）： 年　　月　　日
审查意见： 专业监理工程师（签字）： 年　　月　　日
审核意见： 项目监理单位（盖章）： 总监理工程师（签字）： 年　　月　　日

注：本表一式三份，项目监理单位、建设单位、施工单位各一份。

表 B-12 监理通知回复单

工程名称：　　　　　　　　　　　　　　　　编号：

<table>
<tr><td>致：________________________（项目监理单位）
　　我方接到编号为__________的监理通知单后，已按要求完成相关工作，请予以复查。
　　附件：需要说明的情况

施工单位（盖章）：
项目经理（签字）：
日期：</td></tr>
<tr><td>复查意见：

项目监理单位（盖章）：
总/专业监理工程师（签字）：
日期：</td></tr>
</table>

表 B–13　工程材料、构配件、设备报审表

工程名称：　　　　　　　　　　　　　　　　　　　　编号：

<table>
<tr><td>
致：____________________（项目监理单位）
于______年____月____日进场的拟用于工程________________部位的____________，经我方检验合格，现将相关资料报上，请予以审查。
附件：1. 工程材料、构配件或设备清单
2. 质量证明文件
3. 自检结果

施工单位（盖章）：
项目经理（签字）：
年　　月　　日
</td></tr>
<tr><td>
审查意见：

项目监理单位（盖章）：
专业监理工程师（签字）：
年　　月　　日
</td></tr>
</table>

注：本表一式两份，项目监理单位、施工单位各一份。

表 B–14　费用索赔报审表

工程名称：　　　　　　　　　　　　　　　　　　　　编号：

<table>
<tr><td>致：____________________（项目监理单位）
根据施工合同__________条款，由于______________的原因，我方申请索赔金额（大写）____________________________，请予以批准。
索赔理由：______________________________________
____
____
____
附件：□索赔金额计算
□证明材料
施工单位（盖章）：
项目经理（签字）：
年　月　日</td></tr>
<tr><td>审核意见：
□不同意此项索赔。
□同意此项索赔，索赔金额为（大写）____________________。
同意 / 不同意索赔的理由：____________________________
____
____
____
附件：□索赔审查报告
项目监理单位（盖章）：
总监理工程师（签字、加盖执业印章）：
年　月　日</td></tr>
<tr><td>审批意见：
建设单位（盖章）：
建设单位代表（签字）：
年　月　日</td></tr>
</table>

注：本表一式三份，项目监理单位、建设单位、施工单位各一份。

表 B–15　工程款支付报审表

工程名称：　　　　　　　　　　　　　　　　　　　编号：

致：＿＿＿＿＿＿＿＿＿＿＿＿＿＿（项目监理单位） 根据施工合同约定，我方已完成＿＿＿＿＿工作，建设单位应在＿＿＿＿年＿＿月＿＿日前支付工程款共计（大写）：＿＿＿＿＿＿＿＿，（小写）：＿＿＿＿＿＿＿＿，请予以审核。 附件：□已完成工程量报表 □工程竣工结算证明材料 □相应支持性证明文件 施工单位（盖章）： 项目经理（签字）： 年　月　日
审查意见： 1. 施工单位应得款为： 2. 本期应扣款为： 3. 本期应付款为： 附件：相应支持性材料 专业监理工程师（签字）： 年　月　日
审核意见： 项目监理单位（盖章）： 总监理工程师（签字、加盖执业印章）： 年　月　日
审批意见： 建设单位（盖章）： 建设单位代表（签字）： 年　月　日

注：本表一式三份，项目监理单位、建设单位、施工单位各一份；工程竣工结算报审时本表一式四份，项目监理单位、建设单位各一份，施工单位两份。

表 B-16　工程临时 / 最终延期报审表

工程名称：　　　　　　　　　　　　　　　　　编号：

致：________________（项目监理单位） 根据施工合同________（条款），由于________原因，我方申请工程临时 / 最终延期______（日历天），请予以批准。 附件：1. 工程延期依据及工期计算 2. 证明材料 施工单位（盖章）： 项目经理（签字）： 年　月　日
审核意见： □同意工程临时 / 最终延期______（日历天）。工程竣工日期从施工合同约定的___年___月___日延迟到______年___月___日。 □不同意延期，请按约定竣工日期组织施工。 项目监理单位（盖章）： 总监理工程师（签字、加盖执业印章）： 年　月　日
审批意见： 建设单位（盖章）： 建设单位代表（签字）： 年　月　日

注：本表一式三份，项目监理单位、建设单位、施工单位各一份。

表 B–17 主要测量、计量器具检验统计表

编号：

工程名称		合同编号	

致：______________________（项目监理单位）

现报上拟用于本工程的主要测量、计量器具及其验证证明，请查验。工程进行中如有调整，将重新统计并上报。

附件：

设备供应商（盖章）：

项目经理（签字）：

年 月 日

器具名称	编号	检验证编号	检验单位	有效期

注：本表一式两份，由设备供应商填报，项目监理单位、设备供应商各一份。

表 B-18　进场设备报验单

编号：

工程名称		合同编号	

致：________________（监理工程师）

下列施工设备已按合同规定进场，请查验。

编制（签字）：　　技术负责人（签字）：　　日期：　　（盖章）

序号	设备名称、规格及型号	单位	数量	进场日期	技术状况	拟用何处	备注

专业监理工程师审核意见：

经查验：1. 性能数量能满足施工要求的设备：________________

2. 性能不符合施工要求的设备：________________

3. 数量或能力不足的设备：________________

查验结果：

专业监理工程师（签字）：　　日期：

注：本表一式三份，建设单位、项目监理单位、设备供应商各一份。

表 B-19　主要设备开箱申报表

编号：

<table>
<tr><td>工程名称</td><td></td><td>合同编号</td><td></td></tr>
<tr><td colspan="4">致：__________________________（项目监理单位）
现计划于____年____月____日在____________________（地点）对____________________等设备进行开箱检查，请予以安排。

设备供应商（盖章）：
项目经理（签字）：
年　　月　　日</td></tr>
<tr><td colspan="4">项目监理单位审查意见：

项目监理单位（盖章）：
总 / 专业监理工程师（签字）：
年　　月　　日</td></tr>
</table>

注：本表一式三份，由设备供应商填报，建设单位、项目监理单位、设备供应商各一份。

表 B–20　主要设备、配件开箱验收记录表

编号：

<table>
<tr><td>工程名称</td><td colspan="3"></td><td colspan="2">合同编号</td><td></td></tr>
<tr><td>设备（配件）名称</td><td colspan="3"></td><td colspan="2">检验日期</td><td></td></tr>
<tr><td>规格型号</td><td colspan="3"></td><td colspan="2">总数量</td><td></td></tr>
<tr><td>设备编号</td><td colspan="3"></td><td colspan="2">检验数量</td><td></td></tr>
<tr><td rowspan="4">检验记录</td><td colspan="6">技术证件：</td></tr>
<tr><td colspan="6">备件与附件：</td></tr>
<tr><td colspan="6">外观情况：</td></tr>
<tr><td colspan="6">测试情况：</td></tr>
<tr><td rowspan="7">检验结果</td><td colspan="6">缺损设备构件明细表</td></tr>
<tr><td>序号</td><td>名称</td><td>规格</td><td>单位</td><td>数量</td><td>备注</td></tr>
<tr><td></td><td></td><td></td><td></td><td></td><td></td></tr>
<tr><td></td><td></td><td></td><td></td><td></td><td></td></tr>
<tr><td></td><td></td><td></td><td></td><td></td><td></td></tr>
<tr><td></td><td></td><td></td><td></td><td></td><td></td></tr>
<tr><td></td><td></td><td></td><td></td><td></td><td></td></tr>
<tr><td colspan="7">结论：</td></tr>
<tr><td colspan="3">专业监理单位</td><td colspan="4">施工单位</td></tr>
<tr><td colspan="3">专业监理工程师（签字）：

日期：</td><td colspan="4">检验负责人（签字）：
记录人（签字）：
项目经理（签字）：

日期：</td></tr>
</table>

表 B–21　施工控制测量成果报验表

工程名称：　　　　　　　　　　　　　　　　　　　　编号：

<table>
<tr><td>致：______________________（项目监理单位）
　　我方已完成__________的施工控制测量，经自检合格，请予以查验。
　　附件：1. 施工控制测量依据资料
　　　　　2. 施工控制测量成果表

施工项目经理部（盖章）：
项目技术负责人（签字）：
年　　月　　日</td></tr>
<tr><td>审查意见：

项目监理单位（盖章）：
专业监理工程师（签字）：
年　　月　　日</td></tr>
</table>

注：本表一式三份，项目监理单位、建设单位、施工单位各一份。

表 B–22　工序交接报验表

编号：

<table>
<tr><td>工程
名称</td><td colspan="2"></td><td>合同
编号</td><td></td></tr>
<tr><td colspan="5">致：________________（监理工程师）
根据驻地监理工序交接检验程序要求，我方已完成________________
________________的工序施工，并经自检合格，请予以查验。
附件：工序自检资料

质量工程师（签字）：　　　技术负责人（签字）：　　　日期：</td></tr>
<tr><td>编号</td><td>检验项目</td><td>质量情况</td><td>自测数据</td><td>评定</td></tr>
<tr><td></td><td></td><td></td><td></td><td></td></tr>
<tr><td colspan="5">驻地监理工程师检验结果及检验结论：

□工序质量合格，同意下道工序施工。
□工序质量有缺陷，需要整改。
□工序质量不合格，返工重做。

专业监理工程师（签字）：　　　日期：</td></tr>
</table>

注：本表一式四份，项目监理单位一份，设备供应商三份。

表 B-23　工程临时延期申请审批表

编号：

<table>
<tr><td>工程名称</td><td></td><td>合同编号</td><td></td></tr>
<tr><td colspan="4">致：____________（监理工程师）
根据合同条款____________的规定，由于____________原因，特申请工程延期____日历天数，使竣工日期（包括已指令延长的工期）从原来的____年____月____日延长到____年____月____日，请予以批准。
工程延期的依据及工期计算（详细计算附后）：
附件：附后（包括合同竣工日期等其他证明、支持材料）
经办人（签字）：　项目经理（签字）：　日期：　（盖章）</td></tr>
<tr><td colspan="4">专业监理工程师意见：

专业监理工程师（签字）：　日期：　（盖章）</td></tr>
<tr><td colspan="4">总监理单位意见：

总监理工程师（签字）：　日期：　（盖章）</td></tr>
<tr><td colspan="4">建设单位代表意见：

建设单位代表（签字）：　日期：　（盖章）</td></tr>
</table>

注：本表一式三份，建设单位、项目监理单位、设备供应商各一份。

表 B-24 工程遗留项目一览表

编号：

工程名称		合同编号	
序号	遗留项目名称	遗留内容	遗留原因
备注			
建设单位 接收经办人 （签字）： 建设单位代表 （签字）： （盖章） 年 月 日	监理单位 专业监理工程师（签字）： 总监理工程师 （签字）： （盖章） 年 月 日	施工单位 移交经办人 （签字）： 项目经理 （签字）： （盖章） 年 月 日	设计单位 项目负责人 （签字）： （盖章） 年 月 日

表 B–25　工程移交申请表

编号：

<table>
<tr><td>工程名称</td><td></td><td>合同编号</td><td></td></tr>
<tr><td colspan="4">致：__________________（监理工程师）
内容：

附件：1. 承包单位工程移交申请报告
2. 工程验收记录</td></tr>
<tr><td colspan="4">项目监理单位审核意见：

专业监理工程师（签字）：　　总监理工程师（签字）：　　（盖章）</td></tr>
<tr><td colspan="4">建设单位意见：

日期：　　（盖章）</td></tr>
</table>

注：本表一式五份，建设单位、项目监理单位各一份，设备供应商三份。

表 B-26　工程移交证书

编号：

<table>
<tr><td>工程名称</td><td></td><td>合同编号</td><td></td></tr>
<tr><td colspan="4">致：________________（设备供应商）
兹证明你方施工的工程已按合同的要求完成，并验收合格，从即日起该工程移交业主管理。
附件：1. 承包单位工程移交申请报告
2. 单位工程验收记录</td></tr>
<tr><td colspan="4">项目监理单位审核意见：

专业监理工程师（签字）：　　总监理工程师（签字）：　　（盖章）</td></tr>
<tr><td colspan="4">建设单位意见：

日期：　　（盖章）</td></tr>
</table>

注：本表一式三份，建设单位、项目监理单位、设备供应商各一份。

表 B-27　事故发生报告单

编号：

工程名称		合同编号	

致：____________________（监理工程师）

____年____月____日，在____________________________发生

____________________________________的事故，报告如下：

1. 事故经过及原因（初步调查结果或根据现场报告情况）：

2. 事故性质：
3. 预计造成损失：
4. 应急措施：
5. 初步处理意见：

等进行现场调查后，再做详细报告

项目经理（签字）：　　设备供应商（签字）：　　日期：　　（盖章）

总监理工程师（签字）：　　日期：

注：本表一式四份，建设单位、质监站、项目监理单位、设备供应商各一份。

表 B–28　工程质量问题（事故）报告单

工程名称：　　　　　　　　　　　　　　　　　　编号：

<table>
<tr><td>致：________________________（监理单位）
____年____月____日____时在______________见设计图纸__________，发生工程质量问题（事故）。报告如下：
1．经过情况及原因的初步分析：

2．性质：

3．造成损失及人员伤亡：　　损失金额______；伤____人；亡____人

4．补救措施及初步处理意见：

待进行现场调查后，再另做详细报告，并提出处理方案待审查。

施工单位（盖章）：
项目经理（签字）：
日期：</td></tr>
<tr><td>监理单位签收：
专业监理工程师（签字）：　　　　日期：
总监理工程师（签字）：　　　　日期：</td></tr>
<tr><td>抄报：</td></tr>
</table>

注：本表一式四份，由施工单位填写，监理签收后建设单位、设计单位、施工单位、监理单位各一份，重大质量事故报质监站。

表 B-29　工程质量事故处理方案报审单

工程名称：　　　　　　　　　　　　　　　　　　　编号：

<table>
<tr><td colspan="2">致：________________________（监理单位）
____年____月____日____时，在______________见设计图纸____________________发生的__________问题，已于__月__日提出《工程质量问题（事故）报告单》。现提出处理方案，请予以审查。
附件：1. 工程质量事故详细报告
2. 工程质量事故处理方案

施工单位（盖章）：
项目经理（签字）：
日期：</td></tr>
<tr><td>监理工程师审查意见：

总监理工程师（签字）：
日期：</td><td>设计单位审查意见：

设计人（签字）：
日期：</td></tr>
<tr><td colspan="2">抄报：</td></tr>
</table>

注：本表一式三份，由施工单位填写，审核后建设单位、项目监理单位、施工单位各一份。

表 B-30　工程质量事故处理结果报验表

编号：

<table>
<tr><td>工程名称</td><td></td><td>合同编号</td><td></td></tr>
<tr><td colspan="4">致：________________（项目监理部）
____年____月____日在____________发生的________________事故，我公司已按批准后的处理方案处理完毕，请查验。
附件：

施工单位（盖章）：
项目经理（签字）：
年　月　日</td></tr>
<tr><td colspan="4">项目监理部审查意见：

项目监理单位（盖章）：
总 / 专业监理工程师（签字）：
年　月　日</td></tr>
</table>

注：本表一式三份，由施工单位填报，建设单位、项目监理单位、施工单位各一份。

表 B-31　质量事故调查报告审批单

工程名称：　　　　　　　　合同号：　　　　　　编号：

<table>
<tr><td>致：________________________
____年__月__日，________________________________发生
________________________________事故已于____年____月____日组织调查完成，报告如下：
1. 事故经过及原因；
2. 事故的性质：
3. 事故造成的经济损失：
4. 已采取的应急措施：
5. 拟订的处理方法及措施：</td></tr>
<tr><td>参加调查人员：

技术负责人（签字）：　　项目经理（签字）：　　日期：　　（盖章）</td></tr>
<tr><td>专业监理单位审核：

专业监理工程师（签字）：　　日期：　　（盖章）</td></tr>
<tr><td>总监理单位审批意见：

总监理工程师（签字）：　　日期：　　（盖章）</td></tr>
</table>

注：本表一式四份，质监站、建设单位、项目监理单位、设备供应商各一份。

表 B–32　质量事故处理报告审批单

编号：

<table>
<tr><td>工程
名称</td><td></td><td>合同
编号</td><td></td></tr>
<tr><td colspan="4">致：________________________（监理工程师）
____年____月____日在____________________________________发生
____事故已于
____年____月____日按____号调查报告处理方案处理完成，经自验符合要求，处理后工程质量及现场施工条件状况如下：
请予以批准恢复正常施工。
经办人（签字）：　　技术负责人（签字）：　　日期：　　（盖章）</td></tr>
<tr><td colspan="4">专业监理审核意见：

专业监理工程师（签字）：　　日期：　　（盖章）</td></tr>
<tr><td colspan="4">总监理单位审批：

□符合整改要求，同意恢复正常施工。
□尚未达要求，继续完善。
□离要求太远，重新处理。

总监理工程师（签字）：　　日期：　　（盖章）</td></tr>
</table>

注：本表一式四份，质监站、建设单位、项目监理单位、设备供应商各一份。

表 B–33　隐蔽工程检查记录（通用表）

编号：

<table>
<tr><td>工程名称</td><td colspan="2"></td><td>合同编号</td><td colspan="2"></td></tr>
<tr><td>检查部位</td><td colspan="5"></td></tr>
<tr><td colspan="6">隐蔽内容：</td></tr>
<tr><td colspan="6">检查情况：</td></tr>
<tr><td colspan="6">检查结论及意见：</td></tr>
<tr><td colspan="2">项目监理单位</td><td colspan="2">施工单位</td><td colspan="2">其他单位参加人员</td></tr>
<tr><td colspan="2">专业监理工程师（签字）：

年　月　日</td><td colspan="2">质检工程师（签字）：

项目负责人（签字）：

年　月　日</td><td colspan="2">参加人员（签字）：

年　月　日</td></tr>
</table>

表 B–34　电气配管（线）隐蔽检查记录

编号：

<table>
<tr><td>工程名称</td><td colspan="2"></td><td>合同编号</td><td colspan="2"></td></tr>
<tr><td>隐蔽部位</td><td colspan="2"></td><td>施工图号</td><td colspan="2"></td></tr>
<tr><td rowspan="2">回路层段编号</td><td rowspan="2">配管材质及管内穿线规格数量</td><td colspan="4">配管（线）敷设情况</td></tr>
<tr><td>弯曲半径</td><td>接头处理</td><td>跨箱盘处理</td><td>保护及防腐</td></tr>
<tr><td></td><td></td><td></td><td></td><td></td><td></td></tr>
<tr><td></td><td></td><td></td><td></td><td></td><td></td></tr>
<tr><td></td><td></td><td></td><td></td><td></td><td></td></tr>
<tr><td></td><td></td><td></td><td></td><td></td><td></td></tr>
<tr><td></td><td></td><td></td><td></td><td></td><td></td></tr>
<tr><td>说明及简图</td><td colspan="5"></td></tr>
<tr><td colspan="6">自检意见：

质检工程师（签字）：　　技术负责人（签字）：　　年　月　日</td></tr>
<tr><td colspan="6">监理意见：

专业监理工程师（签字）：　　年　月　日</td></tr>
</table>

表 B-35　电缆（线）敷设检查记录

编号：

工程名称			合同编号		
电缆（线）编号	电缆（线）型号、规格	全长（m）	敷设方式	中间接头个数	起点 – 终点

自检意见：

质检工程师（签字）：　　　技术负责人（签字）：　　　年　月　日

监理意见：

专业监理工程师（签字）：　　　年　月　日

表 B-36　报验申请表

工程名称：　　　　　　　　　　　　　　　　　　　　编号：

致：____________________（监理单位） 　　我单位已完成了__________工作，经自检合格，现报上该工程报验申请表，请予以审查和验收。 　　附件： 承包单位（盖章）： 项目经理： 日期：
审查意见： 项目监理单位（盖章）： 专业监理工程师（签字）： 日期：

表 B-37　报审、报验表

工程名称：　　　　　　　　　　　　　　　　　　编号：

致：________________（项目监理单位） 我方已完成________________工作，经自检合格，请予以审查或验收。 附件：□隐蔽工程质量检验资料 □检验批质量检验资料 □分项工程质量检验资料 □施工试验室证明资料 □其他 施工单位（盖章）： 项目经理或技术负责人（签字）： 年　月　日
审查或验收意见： 项目监理单位（盖章）： 专业监理工程师（签字）： 年　月　日

注：本表一式两份，项目监理单位、施工单位各一份。

表 B–38 预验收报审表

编号：

<table>
<tr><td>单位工程名称</td><td></td></tr>
<tr><td colspan="2">致：________________（项目监理单位）
我方已按施工合同要求完成__________工程，经自检合格，现将有关资料报上，请予以验收。
附件：1. 工程质量验收报告
2. 工程功能检验资料

施工单位（盖章）：
项目经理（签字）：
年 月 日</td></tr>
<tr><td colspan="2">预验收意见：
经预验收，该工程合格 / 不合格，可以 / 不可以组织正式验收

项目监理单位（盖章）：
总监理工程师（签字、加盖执业印章）：
年 月 日</td></tr>
</table>

注：本表一式三份，项目监理单位、建设单位、施工单位各一份。

表 B-39 单位工程竣工技术文件资料目录

编号：

项目名称			合同编号	
单位工程名称		里程		
序号	资料名称	份数	页数	备注

建设单位	监理单位	施工单位
建设单位代表（签字）： 年　月　日	总监理工程师（签字）： 年　月　日	项目经理（签字）： 年　月　日

表 B-40　单位工程技术人员表

编号：

工程名称				合同编号	
施工单位名称		开工日期		竣工日期	
序号	分部工程名称	施工技术负责人姓名	技术职称	岗位证书编号	施工技术负责人签字

项目监理单位	施工单位
总监理工程师（签字）： 年　月　日	填表人（签字）： 项目经理（签字）： 年　月　日

表 B-41　单位工程竣工验收报审表

工程名称：　　　　　　　　　　　　　　　　编号：

<table>
<tr><td>
致：______________________（项目监理单位）
　　我方已按施工合同要求完成______________工程，经自检合格，现将有关资料报上，请予以验收。
　　附件：1. 工程质量验收报告
　　　　　2. 工程功能检验资料

施工单位（盖章）：
项目经理（签字）：
年　月　日
</td></tr>
<tr><td>
预验收意见：
　　经预验收，该工程合格 / 不合格，可以 / 不可以组织正式验收

项目监理单位（盖章）：
总监理工程师（签字、加盖执业印章）：
年　月　日
</td></tr>
</table>

注：本表一式三份，项目监理单位、建设单位、施工单位各一份。

表 B-42　单位工程质量控制资料核查记录

编号：

<table>
<tr><td colspan="2">单位工程名称</td><td colspan="4"></td></tr>
<tr><td colspan="2">施工单位</td><td colspan="4"></td></tr>
<tr><td>序号</td><td>资 料 名 称</td><td>份数</td><td>核查意见</td><td colspan="2">核查人</td></tr>
<tr><td>1</td><td>图纸会审、设计交底、洽商记录</td><td></td><td></td><td colspan="2"></td></tr>
<tr><td>2</td><td>工程定位测量、放线记录</td><td></td><td></td><td colspan="2"></td></tr>
<tr><td>3</td><td>原材料出厂合格证及进场检（试）验报告</td><td></td><td></td><td colspan="2"></td></tr>
<tr><td>4</td><td>竣工测试报告</td><td></td><td></td><td colspan="2"></td></tr>
<tr><td>5</td><td>成品及半成品出厂合格证或试验报告</td><td></td><td></td><td colspan="2"></td></tr>
<tr><td>6</td><td>隐蔽工程验收记录</td><td></td><td></td><td colspan="2"></td></tr>
<tr><td>7</td><td>施工记录</td><td></td><td></td><td colspan="2"></td></tr>
<tr><td>8</td><td>工程质量事故及事故调查处理资料</td><td></td><td></td><td colspan="2"></td></tr>
<tr><td>9</td><td>施工现场质量管理检查记录</td><td></td><td></td><td colspan="2"></td></tr>
<tr><td>10</td><td>分项、分部工程质量验收记录</td><td></td><td></td><td colspan="2"></td></tr>
<tr><td>11</td><td>新材料、新工艺施工记录</td><td></td><td></td><td colspan="2"></td></tr>
<tr><td>…</td><td></td><td></td><td></td><td colspan="2"></td></tr>
<tr><td colspan="6">结论：

项目经理（签字）：　　　　　　　　总监理工程师（签字）：
年　月　日　　　　　　　　年　月　日</td></tr>
</table>

表 B–43　单位工程安全和功能检验资料核查及主要功能抽查记录

编号：

单位工程名称					
施工单位					
序号	安全和功能检查项目	份数	核查意见	抽查结果	核查（抽查）人
1	终端设备检测记录				
2	车站计算机系统检测记录				
3	中央计算机系统检测记录				
4	票务清分系统检测记录				
5	电源设备检测记录				
6	接地检测记录				
7	施工记录				
8	线缆区段性能检测记录				
9	第三方检测记录				
…					
结论： 项目经理（签字）：　　　　年　月　日 总监理工程师（签字）：　　　　年　月　日					

注：其他检查项目由验收组协商确定。

表 B-44　单位工程观感质量验收检查记录

编号：

<table>
<tr><td>单位工程名称</td><td colspan="5"></td></tr>
<tr><td>施工单位</td><td colspan="5"></td></tr>
<tr><td rowspan="2">序号</td><td rowspan="2">项目名称</td><td rowspan="2">抽查质量状况</td><td colspan="3">质量评价</td></tr>
<tr><td>好</td><td>一般</td><td>差</td></tr>
<tr><td>1</td><td>槽道安装</td><td></td><td></td><td></td><td></td></tr>
<tr><td>2</td><td>电缆引入</td><td></td><td></td><td></td><td></td></tr>
<tr><td>3</td><td>光缆引入</td><td></td><td></td><td></td><td></td></tr>
<tr><td>4</td><td>机房设备排列</td><td></td><td></td><td></td><td></td></tr>
<tr><td>5</td><td>机房机柜安装</td><td></td><td></td><td></td><td></td></tr>
<tr><td>6</td><td>设备安装</td><td></td><td></td><td></td><td></td></tr>
<tr><td>7</td><td>设备配线</td><td></td><td></td><td></td><td></td></tr>
<tr><td>8</td><td>配电箱安装</td><td></td><td></td><td></td><td></td></tr>
<tr><td>9</td><td>UPS 安装</td><td></td><td></td><td></td><td></td></tr>
<tr><td>10</td><td>电池柜安装</td><td></td><td></td><td></td><td></td></tr>
<tr><td>11</td><td>配电箱安装</td><td></td><td></td><td></td><td></td></tr>
<tr><td>12</td><td>电源线布放</td><td></td><td></td><td></td><td></td></tr>
<tr><td>13</td><td>接地线布放</td><td></td><td></td><td></td><td></td></tr>
<tr><td colspan="6">结论：

项目经理（签字）：　　　　　　　　总监理工程师（签字）：
年　月　日　　　　　　　　年　月　日</td></tr>
</table>

注：观感评定为“差”的项目应返修。

表 B–45　单位工程质量验收记录

编号：

<table>
<tr><td colspan="2">单位工程名称</td><td colspan="7"></td></tr>
<tr><td colspan="2">开工日期</td><td colspan="3"></td><td colspan="2">竣工日期</td><td colspan="2"></td></tr>
<tr><td colspan="2">施工单位</td><td colspan="3"></td><td colspan="2">技术负责人</td><td colspan="2"></td></tr>
<tr><td colspan="2">项目经理</td><td></td><td>项目技术负责人</td><td colspan="2"></td><td colspan="2">项目质量负责人</td><td></td></tr>
<tr><td>序号</td><td colspan="2">项目</td><td colspan="6">验 收 记 录</td></tr>
<tr><td>1</td><td colspan="2">分部工程</td><td colspan="6">共　　分部，经查　　分部
符合标准及设计要求　　分部</td></tr>
<tr><td>2</td><td colspan="2">质量控制资料核查</td><td colspan="6">共　　项，经审查符合要求　　项
经核定符合标准要求　　项</td></tr>
<tr><td>3</td><td colspan="2">安全和主要使用功能核查及抽查结果</td><td colspan="6">共核查　　项，符合要求　　项
共抽查　　项，符合要求　　项
经返工处理符合要求　　项</td></tr>
<tr><td>4</td><td colspan="2">观感质量验收</td><td colspan="6">共检查　　项，符合要求　　项
不符合要求　　项</td></tr>
<tr><td>5</td><td colspan="2">综合验收结论</td><td colspan="6"></td></tr>
<tr><td rowspan="2">验收单位</td><td colspan="2">建设单位</td><td colspan="2">项目监理单位</td><td colspan="2">施工单位</td><td colspan="2">设计单位</td></tr>
<tr><td colspan="2">（盖章）
建设单位代表（签字）：
年　月　日</td><td colspan="2">（盖章）
总监理工程师（签字）：
年　月　日</td><td colspan="2">（盖章）
项目经理（签字）：
年　月　日</td><td colspan="2">（盖章）
项目负责人（签字）：
年　月　日</td></tr>
</table>

表 B–46 分部工程报验表

工程名称：　　　　　　　　　　　　　　　　　　编号：

致：________________（项目监理单位） 我方已完成____________（分部工程），经自检合格，请予以验收。 附件：分部工程质量资料 施工项目经理部（盖章）： 项目技术负责人（签字）： 年　月　日
验收意见： 专业监理工程师（签字）： 年　月　日
验收意见： 项目监理单位（盖章）： 总监理工程师（签字）： 年　月　日

注：本表一式三份，项目监理单位、建设单位、施工单位各一份。

表 B-47　分部工程质量验收记录

编号：

<table>
<tr><td>单位工程名称</td><td colspan="5"></td></tr>
<tr><td>施工单位</td><td colspan="5"></td></tr>
<tr><td>项目经理</td><td></td><td>项目技术负责人</td><td></td><td>项目质量负责人</td><td></td></tr>
<tr><td>序号</td><td>分项工程名称</td><td>检验批数</td><td>施工单位检查评定</td><td colspan="2">监理（建设）单位验收意见</td></tr>
<tr><td>1</td><td></td><td></td><td></td><td colspan="2"></td></tr>
<tr><td>2</td><td></td><td></td><td></td><td colspan="2"></td></tr>
<tr><td>3</td><td></td><td></td><td></td><td colspan="2"></td></tr>
<tr><td>4</td><td></td><td></td><td></td><td colspan="2"></td></tr>
<tr><td>5</td><td></td><td></td><td></td><td colspan="2"></td></tr>
<tr><td>6</td><td></td><td></td><td></td><td colspan="2"></td></tr>
<tr><td>…</td><td></td><td></td><td></td><td colspan="2"></td></tr>
<tr><td colspan="3">质量控制资料</td><td colspan="3"></td></tr>
<tr><td colspan="3">安全和功能检验（检测）报告</td><td colspan="3"></td></tr>
<tr><td rowspan="4">验收单位</td><td>施工单位</td><td colspan="4">项目经理（签字）：　　年　月　日</td></tr>
<tr><td>设计单位</td><td colspan="4">项目负责人（签字）：　　年　月　日</td></tr>
<tr><td>项目监理单位</td><td colspan="4">总监理工程师（签字）：　　年　月　日</td></tr>
<tr><td>建设单位</td><td colspan="4">建设单位代表（签字）：　　年　月　日</td></tr>
</table>

表 B-48　分项工程质量验收记录

编号：

<table>
<tr><td>单位工程名称</td><td colspan="5"></td></tr>
<tr><td>分部工程名称</td><td colspan="3"></td><td>检验批数</td><td></td></tr>
<tr><td>施工单位</td><td></td><td>项目经理</td><td></td><td>项目技术负责人</td><td></td></tr>
<tr><td>序号</td><td>检验批部位</td><td colspan="2">施工单位检查评定结果</td><td colspan="2">监理（建设）单位验收结论</td></tr>
<tr><td>1</td><td></td><td colspan="2"></td><td colspan="2"></td></tr>
<tr><td>2</td><td></td><td colspan="2"></td><td colspan="2"></td></tr>
<tr><td>3</td><td></td><td colspan="2"></td><td colspan="2"></td></tr>
<tr><td>4</td><td></td><td colspan="2"></td><td colspan="2"></td></tr>
<tr><td>5</td><td></td><td colspan="2"></td><td colspan="2"></td></tr>
<tr><td>6</td><td></td><td colspan="2"></td><td colspan="2"></td></tr>
<tr><td>7</td><td></td><td colspan="2"></td><td colspan="2"></td></tr>
<tr><td>8</td><td></td><td colspan="2"></td><td colspan="2"></td></tr>
<tr><td>…</td><td></td><td colspan="2"></td><td colspan="2"></td></tr>
<tr><td colspan="6">说明：</td></tr>
<tr><td>施工单位检查结论</td><td colspan="5">分项工程技术负责人（签字）：　　年　月　日</td></tr>
<tr><td>项目监理单位验收结论</td><td colspan="5">专业监理工程师（签字）：　　年　月　日</td></tr>
<tr><td>建设单位验收结论</td><td colspan="5">建设单位代表（签字）：　　年　月　日</td></tr>
</table>

表 B-49 检验批质量验收记录

编号：

<table>
<tr><td colspan="3">单位工程名称</td><td colspan="11"></td></tr>
<tr><td colspan="3">分部工程名称</td><td colspan="11"></td></tr>
<tr><td colspan="3">分项工程名称</td><td colspan="5"></td><td colspan="3">验收部位</td><td colspan="3"></td></tr>
<tr><td colspan="3">施工单位</td><td colspan="5"></td><td colspan="3">项目经理</td><td colspan="3"></td></tr>
<tr><td colspan="3">施工质量验收标准名称及编号</td><td colspan="11"></td></tr>
<tr><td colspan="3">施工质量验收标准的规定</td><td colspan="10">施工单位检查评定记录</td><td>项目监理单位验收记录</td></tr>
<tr><td rowspan="6">主控项目</td><td>1</td><td></td><td colspan="10"></td><td rowspan="6"></td></tr>
<tr><td>2</td><td></td><td colspan="10"></td></tr>
<tr><td>3</td><td></td><td colspan="10"></td></tr>
<tr><td>4</td><td></td><td colspan="10"></td></tr>
<tr><td>5</td><td></td><td></td><td></td><td></td><td></td><td></td><td></td><td></td><td></td><td></td><td></td></tr>
<tr><td>…</td><td></td><td></td><td></td><td></td><td></td><td></td><td></td><td></td><td></td><td></td><td></td></tr>
<tr><td rowspan="5">一般项目</td><td>1</td><td></td><td colspan="10"></td><td rowspan="5"></td></tr>
<tr><td>2</td><td></td><td colspan="10"></td></tr>
<tr><td>3</td><td></td><td colspan="10"></td></tr>
<tr><td>4</td><td></td><td></td><td></td><td></td><td></td><td></td><td></td><td></td><td></td><td></td><td></td></tr>
<tr><td>…</td><td></td><td></td><td></td><td></td><td></td><td></td><td></td><td></td><td></td><td></td><td></td></tr>
<tr><td colspan="2">施工单位检查评定结果</td><td colspan="12">项目专业质量检查员： 年 月 日</td></tr>
<tr><td colspan="2">项目监理单位验收结论</td><td colspan="12">监理工程师（签字）： 年 月 日</td></tr>
</table>

表 B-50　接地电阻测试记录

编号：

工程名称			合同编号		
仪表型号			引线型式		
接地种类及材质	规定阻值（Ω）	实测阻值（Ω）	实测日期	测定前三天内气象情况	测试结果（Ω）
测点位置图：					

施工单位	项目监理单位
质检工程师（签字）： 技术负责人（签字）： 年　月　日	专业监理工程师（签字）： 年　月　日

表 B–51　绝缘电阻测试记录

编号：

工程名称			合同编号		
分项工程名称			测试日期		
测量仪器		天气		温度	
测试部位	回路编号	实测电阻（MΩ）			
		线间		对地	
存在问题及处理结果					
施工单位			项目监理单位		
质检工程师（签字）： 技术负责人（签字）： 年　月　日			专业监理工程师（签字）： 年　月　日		

附录C　工程施工通用表式示例

表C–1　工程检查证（通用）

编号：

<table>
<tr><td>工程名称</td><td colspan="3"></td><td>合同编号</td><td></td></tr>
<tr><td>轻轨里程</td><td></td><td>设备
供应商</td><td colspan="3"></td></tr>
<tr><td>报检时间</td><td></td><td>检查部位</td><td colspan="3"></td></tr>
<tr><td colspan="6">本检查部位按＿＿＿＿＿＿＿＿＿＿号图施工，检查结果如下：
检查内容：</td></tr>
<tr><td colspan="6">设备供应商自检意见：

质检工程师（签字）：　　项目经理（签字）：　　日期：</td></tr>
<tr><td colspan="6">专业监理意见：

专业监理工程师（签字）：　　日期：</td></tr>
</table>

表 C-2　工作联系单

工程名称：　　　　　　　　　　　　　　　　编号：

致：________________   发文单位： 负责人（签字）： 日期：

表 C–3 工程变更单

工程名称：　　　　　　　　　　　　　　　　编号：

<table>
<tr><td colspan="3">致：________________
由于________________
原因，兹提出________________
工程变更，请予以审批。
附件：□变更内容
□变更设计图
□相关会议纪要
□其他
变更提出单位：
负责人（签字）：
日期：</td></tr>
<tr><td>工程量
增 / 减</td><td colspan="2"></td></tr>
<tr><td>费用
增 / 减</td><td colspan="2"></td></tr>
<tr><td>工期变化</td><td colspan="2"></td></tr>
<tr><td colspan="2">施工单位（盖章）：
项目经理（签字）：</td><td>设计单位（盖章）：
项目负责人（签字）：</td></tr>
<tr><td colspan="2">项目监理单位（盖章）：
总监理工程师（签字）：</td><td>建设单位（盖章）：
建设单位代表（签字）：</td></tr>
</table>

注：本表一式四份，建设单位、项目监理单位、设计单位、施工单位各一份。

表 C-4　工程设计变更（技术核定单）汇总表

编号：

<table>
<tr><td colspan="2">工程名称</td><td></td><td>建设单位</td><td></td><td>施工单位</td><td></td></tr>
<tr><td colspan="2">设计单位</td><td></td><td>监理单位</td><td colspan="3"></td></tr>
<tr><td>序号</td><td>变更部位</td><td>设计变更主要事宜</td><td>编号及审批日期</td><td>提出变更单位及负责人</td><td>审批单位及负责人</td><td>签章情况</td></tr>
<tr><td></td><td></td><td></td><td></td><td></td><td></td><td></td></tr>
<tr><td></td><td></td><td></td><td></td><td></td><td></td><td></td></tr>
<tr><td></td><td></td><td></td><td></td><td></td><td></td><td></td></tr>
<tr><td></td><td></td><td></td><td></td><td></td><td></td><td></td></tr>
<tr><td></td><td></td><td></td><td></td><td></td><td></td><td></td></tr>
<tr><td></td><td></td><td></td><td></td><td></td><td></td><td></td></tr>
<tr><td></td><td></td><td></td><td></td><td></td><td></td><td></td></tr>
<tr><td></td><td></td><td></td><td></td><td></td><td></td><td></td></tr>
<tr><td></td><td></td><td></td><td></td><td></td><td></td><td></td></tr>
<tr><td></td><td></td><td></td><td></td><td></td><td></td><td></td></tr>
<tr><td>施工单位</td><td colspan="3">技术负责人（签字）：
年　月　日</td><td>项目监理单位审查意见</td><td colspan="2">总监理工程师（签字）：
年　月　日</td></tr>
</table>

表 C-5　索赔意向通知书

工程名称：　　　　　　　　　　　　　　　　　　编号：

致：＿＿＿＿＿＿＿＿＿＿＿＿＿＿＿ 　　根据施工合同＿＿＿＿＿＿＿＿＿＿＿＿＿（条款）约定，由于发生了＿＿＿＿＿＿＿＿＿＿＿＿＿＿＿＿＿＿＿事件，且该事件的发生非我方原因所致。为此，我方向＿＿＿＿＿＿＿＿＿＿＿＿（单位）提出索赔要求。 　　附件：索赔事件资料 提出单位（盖章）： 负责人（签字）： 日期：

附录 D　维修度测试

D.0.1　故障模拟

1. 故障是以随机的方式模拟。

2. 维修人员要以不知故障内容的方式进行。

D.0.2　修复行为

1. 修复行为要交由事先对故障模拟情形一事并不知情的维修人员进行。

2. 故障修复直到设备正常工作。

D.0.3　维修度测试

1. 维修度测试目的：验证本系统设计具备下列特点：

（1）模块化，维修人员可用简易工具拆卸。

（2）互换性，同类模块可与不同设备间互换，节省维护成本。

（3）检测点，透过检测点维修人员可立即判断故障范围。

（4）设备具备自我诊断功能，在故障发生时将及时提供故障信息。

（5）安全性，为维修人员提供安全的人机界面。

2. 维修度测试规定：在维修度测试时，记录修复时间，并将其结果用于平均修复时间与最大修复时间的计算上。

3. 维修度测试结果：平均修复时间 MTTR 指在时段 t 内 N 项设备关联故障总共耗费有效维修时间 T_{cm} 的平均值，其表达式如下：

$$\text{平均修复时间 MTTR}=T_{cm}/N \qquad (\text{D.0.3})$$

4．有效维修时间：维修人员到达后，有效耗费在现场的时间总和，其中包括功能故障的排除及隔离，故障部件更换或修理时间与验证检查功能恢复至操作状态所需的时间。

5．最大修复时间：在所有有效维修时间中，取其 90% 时间的最大值（即所有有效维修时间中的 90% 需低于指定的值）。

例如，有 30 个修复时间值，从最小的开始算起的第 27 个修复时间值仍在规定范围内。

D.0.4　故障定义

1．设备无法正常使用，需更换或维修部件才能修复的。

2．因软件、硬件瑕疵而必须变更设计的。

3．因调整不良而必须重新调整才能修复的。

D.0.5　非故障定义

1．因设置时的处理错误而产生的；

2．因变形的车票而造成车票阻塞的；

3．因其他故障的结果所造成的；

4．在规定以外的环境、操作条件下产生的；

5．未按规定做定期保养而引起的；

6．未按规定正确使用设备的。

附录E　检票通道顶棚导向

E.0.1　概述

检票通道顶棚导向是用于指示通道进站、出站方向允许乘客检票通行的一种导向标志，安装在自动检票机通道的上方。顶棚导向采用双面显示，分别面对非付费区和付费区的乘客，其显示的信息与对应闸机通道两端的方向指示器同步。

E.0.2　接线与安装

1. 连接线检查。

（1）连接线须经穿管保护。

（2）线缆（包括电源线、控制线）应连续完整，无破损。

（3）预留尾线长度足够。

（4）线缆标识清楚。

（5）有施工完成的质量检测监理记录。

2. 安装。

（1）接线人员应有合格的上岗资质，接线工艺符合相关标准要求。

（2）安装位置位于自动检票机通道正上方。

（3）悬挂牢固，无晃动。

E.0.3　设备检测

1. 安全性。

安装完成后的顶棚导向应检查安装牢固性、电气接地连续性、接地可靠性和电气绝缘性。

2．上电。

安装完成后应按照设备操作要求进行上电，检查和测量设备的外接电源电压值应符合设备要求。

设备正常运行时的输入电压为单相交流供电：AC220×（1+10%）V ~ 220V×（1–15%）V，50×（1±4%）Hz，电源功耗符合设计要求。

3．基本功能检测应符合表 E.0.3 的要求。

表 E.0.3　基本功能检测表

序号	测试项	执行操作	预期结果
1	设备上电	开启顶棚导向电源	顶棚导向有显示
2	导向显示	检查顶棚导向标志图案的大小、颜色、亮度、连续性	顶棚导向禁止通行标志的图案大小、颜色、亮度符合设计要求，图案无断点； 顶棚导向允许通行标志的图案大小、颜色、亮度符合设计要求，图案无断点
3		开启自动检票机，观察自动检票机的方向指示器与顶棚导向的显示情况	自动检票机两端的方向指示器与顶棚导向的两面显示一致
4		人为制造自动检票机故障，使得一个通道允许通行端变化为禁止通行，观察顶棚导向显示情况	顶棚导向与自动检票机方向指示器同步变化为禁止通行标志
5		关闭自动检票机，观察顶棚导向显示情况	顶棚导向两面均显示禁止通行标志
6		关闭顶棚导向电源，观察顶棚导向显示情况	顶棚导向无显示

附录 F　票亭及客服中心

F.0.1　票亭基本要求

AFC 售票用房为票亭（每个票亭均用于售票，补票及监票），此票亭必须满足半自动售票机、配电箱、电暖气、分体空调等设备的布置，并提供工作人员舒适的操作环境。

票亭应满足 AFC 设备布放、安装等要求。

票亭的设计应与车站装修风格相协调。

票亭除布置有半自动售票机外，还布置有配电箱、分体空调、电暖气、公务电话、照明、开关、电力插座、电话插座等。

售票室的材料和工艺检测结果必须符合技术要求，达到规定的标准，并将检测的结果提交确认。票亭连接件的力学检测必须符合国家有关标准要求，并将检测的结果提交确认。

F.0.2　票亭保证性要求

1. 安全性。

票亭的安全性主要包括：设备安全、结构安全、电气安全、施工安全、应急安全、环保安全，在 30 年内不会因任何非人力原因导致主体结构松动。

（1）设备安全。

票亭所用的材料应有足够的强度，能承受一定程度的碰撞和冲击。

票亭外部表面应平滑，边角应圆滑，不应有任何突出物，避免对乘客及操作员的伤害，避免在乘客或员工使用或维护时损坏其财产。

（2）结构安全。

票亭与地面的连接固定，其承载力、拉力等要求有足够的结构强度，并符合国家有关标准。票亭组装后应满足在8级大风的情况下不发生变形、倾斜、倒塌等异常现象。

（3）电气安全。

票亭应有良好的接地措施以保证表面不带电。静电地板内部走线应合理，采用封闭式连接，没有裸露线头在外，电线出口位置应做保护套。

2. 可靠性。

为降低故障，提高可用性，票亭及其配套设施应具有高可靠性、高寿命的特点。

（1）列出主要设备、部件、材料的寿命和报废标准，例如灯具（含光源及控制）、开关、插座、锁具、闭门器、合页/铰链、对讲设备等。

（2）其可靠性应保证票亭能适应地铁的运营条件。

3. 环境适应性。

票亭的设备、部件、材料应能适应城市的气候条件、车站环境条件，如强电磁干扰、尘土、高温、潮湿、振动、静电等恶劣环境。

票亭应具有防盗、防风、防尘、防水、防酸碱、防潮、防霉、防锈、防静电、耐高低温、抗震动、抗冲击、抗电源波动等功能，以确保正常使用和工作。票亭的环境适应性应符合表F.0.2的要求。

表F.0.2　票亭的环境适应性

序号	项　　目	条件或要求
1	环境温度（工作）	−20℃ ~ 45℃
2	环境温度（存储）	−20℃ ~ 60℃
3	环境温度（无结露）	5% ~ 95%

续表 F.0.2

序号	项　　目	条件或要求
4	振动	振频 100Hz，加速度 20m/s
5	冲击	持续时间 70ms，加速度 20m/s ~ 25m/s
6	电源	电压 AC220V−15% ~ +10%，频率 50Hz ± 5%

4．可维修性。

票亭应进行可维修性设计，应做到控制维护保养需求、减少维修作业次数、减少维修时间、简化维修操作，便于更换设备及部件、控制零配件类型、控制专用维修设备和工具需求等。

可维修性设计应密切结合可靠性、安全性、可使用性、可测试性、环境适应性等进行设计。

F.0.3　票亭结构要求

1．票亭采用固定式或移动式，并与车站装修风格相匹配。

2．票亭固定于地面。

3．票亭如需在土建内预留预埋，应在设计联络后的 10 天内提供详细的预留预埋方案。

4．票亭典型布置如图 F.0.3 所示。

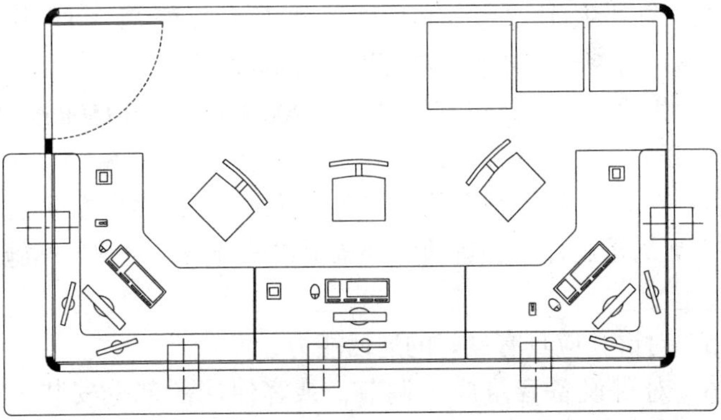

图 F.0.3　票亭典型布置图

F.0.4. 票亭吊顶、地板及门的要求

吊顶、地板、门应满足以下要求：

1. 吊顶：票亭采用隔栅式吊顶，内部净高不小于 2500mm，所有票亭在吊顶均设置换气扇。

2. 地板：票亭设置 300mm 高防静电地板，采用材料应防尘、防滑、耐磨，在使用中地板面不得有裂纹、变形；防静电地板应可承受票亭内布置的设备及工作人员重量；门槛处与防静电地板面间设台阶踏步连接；防静电地板应根据半自动售票机、网络机柜的进线位置设置可开启的盖，盖上设穿线孔，盖及穿线孔应可防止水流到防静电地板下。

3. 门：票亭门净宽 900mm，净高按常规，外开，设防盗锁及闭门器；门及票亭带门构件可由票亭左侧换至右侧，无需重新加工。

F.0.5 票亭售票、补票窗要求

售票、补票窗应满足以下要求：

1. 售票、补票窗应设售票口、补票口、对讲孔、对讲设备及购票台、补票台；

2. 购票及补票台面离站厅地面（装修后）的高度为 1100mm；购票台、补票台净深度为 200mm；

3. 售票口、补票口基本尺寸为 200mm（宽）× 150mm（高），可内部开启、关闭并锁死；

4. 补票台及带补票口的票亭构件应可由票亭左侧换至右侧，而无需重新加工，售票、补票窗口的开设位置视各站施工图而定；

5. 对讲孔应具有良好的通话能力；

6. 对讲设备音量应可调节，乘客使用的部分安装于购票台、补票台上，并便于维修和更换，对讲设备内外线缆采用暗敷方式，并便于维修和更换。

F.0.6 票亭开关要求

票亭开关应满足以下要求：

1. 在票亭门附近设照明开关。

2. 票亭每组照明可单独控制。

3. 开关应选用高可靠性、安全、环保的产品。

F.0.7 票亭插座要求

1. 电力插座。

电力插座应满足以下要求：

（1）票亭前壁每台半自动售票机下均设置2个（2、3极组合）250V、10A插座。

（2）每个票亭后壁均设置1个（2、3极组合）250V、16A空调插座。

（3）所有插座均距离防静电地板面300mm高安装。

（4）插座应选用高可靠性、安全、环保的产品。

2. 电话插座。

电话插座应满足以下要求：

（1）每个票亭前壁靠近门的半自动售票机下均设置1个4芯电话插座。

（2）所有插座均距离防静电地板面300mm高安装。

（3）插座应选用高可靠性、安全、环保的产品。

（4）电话插座与电力插座之间的距离应满足相关标准的要求。

F.0.8 票亭设备及内部设施布置要求

票亭除布置有半自动售票机外，还布置有空调（不属于本项目范围）、公务电话（不属于本项目范围）、照明、开关、电力插座、电话插座等，部分车站还布置有网络机柜（内设交换机、配线设施等）。

尽管相关图纸示意了典型布置，但应结合设备尺寸从设备布置的合理性、工作人员操作/维修的方便性、整体布局的美观性等角度出发，提供空调（尺寸按常规，安装于天花板）、公务电话、照明、开关、电力插座、电话插座和网络机柜（高350mm×宽600mm×深450mm）等优化的布置方案，并经确认。

F.0.9　票亭线管、槽要求

票亭线管、槽应满足以下要求：

1. 票亭内用于穿线的管、槽均应采用镀锌产品。

2. 票亭内的线管、槽主要用于照明之间、照明与开关之间、插座之间的线缆敷设以及外部电力线缆（照明和插座）和电话线缆的引入。

3. 线管、槽的转弯处应设置检修盒，以方便布线和维修。

4. 线管、槽内均应预留线缆牵丝。

5. 票亭不同的线缆应敷设在不同的管、槽内，具体要求为：强电与弱电线缆应分开敷设、照明与插座线缆应分开敷设、普通照明与应急照明线缆应分开敷设、普通插座与电暖气用插座线缆应分开敷设。

6. 票亭内的线管、槽应做到布线有序、统一，对外部电力线缆和电话线缆的引入应布置统一的引入点，在票亭的上部、下部均应设置同样数量的引入点，以方便外部线缆可灵活选择由吊顶或地面引入售票房。

7. 操作台面下设裙板，在裙板内侧敷设线缆及接线端子。

8. 票亭内的线管、线槽及接线端子由票亭配套提供。

9. 设备供应商应在设计联络后的10天内提交票亭线管、槽的布置详图（包括引入点）。

F.0.10 客服中心

客服中心是城市轨道交通用于对外服务的窗口，设置在收费区和非收费区之间，为乘客提供票务服务（含补票）和咨询服务等。

客服中心的基本要求：客服中心结构布置、设备摆放和装修应符合设计要求，其外观应与车站装修整体设计保持风格一致，具体内容详见上述各章节中。